Collection Perspectives

Libérer le pouvoir de l'IA pour le développement durable

De la théorie à la pratique

Auteurs

Abdelilah Belatik

Abdelhamid Belatik

Marc Deschamps

Rachid Ettaai

Noura Qarmiche

Publié en 2024 par

Turritopsis Editions

Turritopsis AISBL, Institut Stratégique de Développement Durable

Avenue Jean Dubrucq, 54 à Molenbeek-Saint-Jean

1080 Bruxelles Belgique

Turritopsis@turritopsis.org

ISBN : 978-2-9603300-1-4

Turritopsis Éditions, 09/2024 - Collection Perspectives : 02

17 €

Dépôt Légal : D/2024/15680/01

9 782960 330014

À Propos de Turritopsis AISBL

Institut Stratégique de Développement Durable

Avenue Jean Dubrucq, 54 à Molenbeek-Saint-Jean

1080 Bruxelles Belgique

Turritopsis@turritopsis.org

Turritopsis, Institut Stratégique de Développement Durable, est une AISBL ayant pour but désintéressé, d'utilité internationale, la promotion du Développement Durable.

L'Institut veut mettre la protection de l'environnement, la responsabilité sociétale et la gouvernance au cœur des activités économiques et sociétales.

Turritopsis est établi à Bruxelles, au cœur de l'Europe, et focalise sa démarche sur une large partie du monde francophone (Afrique/Europe/Monde Arabe francophone), tout en étant ouvert au reste du monde.

TABLE DE MATIÈRES

Abréviations

IA	Intelligence Artificielle
GPAI	Global Partnership on Artificial Intelligence (Partenariat Mondial pour l'IA)
IoT	Internet of things (Internet des objets)
NLP	Natural Language Processing / Traitement du langage naturel
ODD	Objectifs de Développement Durable
OMC	Organisation Mondiale du Commerce
OMD	Objectifs du Millénaire pour le Développement
ONU	Organisation des Nations Unies
PIB	Produit Intérieur Brut
PNB	Produit National Brut
PNUE	Programme des Nations Unies pour l'Environnement
PME	Petites et Moyennes Entreprises

Liste des Tableaux et Figures

AVANT-PROPOS

Dans un monde confronté à des défis environnementaux, sociétaux et économiques croissants, la quête d'un Développement Durable est devenue un impératif urgent. Comme nous l'avons exploré dans notre précédent ouvrage, intitulé : « DÉVELOPPEMENT DURABLE : Aperçu, histoire, défis et perspectives d'avenir [1] », le concept de Développement Durable a connu une longue évolution, passant de l'émergence de la prise de conscience écologique à la formulation d'objectifs globaux tels que les Objectifs de Développement Durable des Nations Unies.

Aujourd'hui, à l'ère de la quatrième révolution industrielle, l'Intelligence Artificielle (IA) apparaît comme une force transformatrice capable de relever les défis complexes du Développement Durable. Les capacités uniques de l'IA en matière d'analyse de données, d'optimisation et de prise de décision offrent des opportunités sans précédent pour accélérer les progrès vers un avenir plus durable.

C'est dans ce contexte que s'inscrit cet ouvrage, « LIBÉRER LE POUVOIR DE L'IA POUR LE DÉVELOPPEMENT DURABLE : De la théorie à la pratique ». S'appuyant sur les fondements conceptuels et historiques du Développement Durable présentés dans notre premier livre, ce nouvel opus se concentre sur les applications pratiques de l'IA pour faire progresser les dimensions environnementales, sociétales et économiques de la durabilité.

Cet ouvrage s'adresse à un public diversifié, comprenant les décideurs politiques, les dirigeants d'entreprises, les chercheurs, les praticiens du Développement Durable et toute personne intéressée par le potentiel de l'IA pour façonner un avenir meilleur. Il vise à fournir des informations sélectionnées, à stimuler la réflexion et à inspirer l'action.

Dans la Partie I, nous poserons les bases de la démarche proposée, en examinant les fondements de l'IA pour le Développement Durable, mais en abordant aussi les enjeux transversaux et les perspectives d'avenir : les dimensions éthiques et sociétales, les risques et défis ainsi que le cadre politique et de gouvernance à mettre en place pour maîtriser l'IA dans ses applications à la poursuite de la durabilité.

La Partie II se penche sur les applications sectorielles concrètes de l'IA dans des domaines clés du Développement Durable : la gestion des ressources, les villes intelligentes, l'agriculture durable, l'atténuation du changement climatique, l'économie circulaire et la conservation de la biodiversité, l'éducation et la santé. Elle met en lumière des études de cas concrètes et des exemples inspirants d'initiatives pilotées par l'IA et qui génèrent des impacts positifs.

À travers cette exploration multi-dimensionnelle, notre objectif est de démontrer que l'IA n'est pas seulement une technologie prometteuse, mais aussi un outil pratique et puissant pour relever les défis pressants du Développement Durable. En libérant le pouvoir de l'IA, de manière responsable et inclusive, nous pouvons toutes et tous accélérer la transition vers un monde plus durable, équitable et résilient.

Rejoignez-nous dans ce voyage passionnant à la découverte des applications transformatrices de l'IA pour le Développement Durable. Ensemble, façonnons un avenir où l'innovation technologique et la durabilité se conjuguent harmonieusement pour le bien de l'humanité et de la planète.

Pour un avenir qui se construit chaque jour.

Avec mes salutations les plus chaleureuses,

Abdelilah Belatik

Président de Turritopsis, Institut Stratégique de Développement Durable

Remerciements

Les auteurs expriment leur profonde gratitude à toutes les personnes qui ont contribué à la réalisation de cet ouvrage. Leur expertise, leur dévouement et leurs précieuses contributions ont été essentiels à la concrétisation de ce projet.

Nous tenons à remercier chaleureusement :

- Abderrahman Lazraq, pour sa révision minutieuse de tous les chapitres et ses suggestions pertinentes.
- Prof. Lahcen Ghadraoui, pour son examen attentif du chapitre sur la biodiversité.
- Julie Saint-Léger, pour son travail professionnel de relecture et de correction, qui a considérablement amélioré la qualité de cette publication.

Nous exprimons notre reconnaissance à l'équipe de Turritopsis pour son soutien indéfectible et sa contribution précieuse à toutes les étapes de la réalisation de cet ouvrage.

Nous souhaitons également souligner l'apport enrichissant des discussions tenues lors de la 5ème Journée Action Développement Durable (JADD5), qui ont nourri notre réflexion sur ce sujet crucial.

À tous ces intervenants, ainsi qu'à ceux que nous n'avons pas pu nommer individuellement, nous exprimons notre sincère reconnaissance pour leur dévouement et leur soutien dans la concrétisation de ce projet ambitieux.

Notre Approche

Cet ouvrage est le fruit d'une recherche approfondie et d'une réflexion critique sur l'intersection entre l'Intelligence Artificielle et le Développement Durable. Notre démarche s'articule autour de trois axes principaux :

1. Une exploration exhaustive

Nous avons mené une vaste recherche documentaire, utilisant des techniques avancées pour identifier et analyser les publications les plus pertinentes et récentes dans le domaine. Cette approche nous a permis de couvrir un large éventail de perspectives et d'innovations, offrant ainsi à nos lecteurs une vue d'ensemble complète et actualisée.

2. Une analyse critique rigoureuse

Au-delà de la simple collecte d'informations, nous avons soumis chaque source à un examen critique minutieux. Cette démarche nous a permis d'évaluer la validité des recherches, de comparer différentes approches et de mettre en lumière les idées les plus prometteuses. Notre objectif était non seulement de présenter l'état actuel des connaissances, mais aussi d'identifier les lacunes et les opportunités pour de futures innovations.

3. Une synthèse orientée vers l'action

En combinant notre revue de littérature approfondie et notre analyse critique, nous avons cherché à offrir plus qu'un simple état des lieux. Notre ambition est de fournir une synthèse actionnable, mettant en évidence les applications concrètes de l'IA pour le Développement Durable. Nous espérons ainsi équiper les décideurs, les chercheurs et les praticiens d'outils et de connaissances leur permettant d'exploiter efficacement le potentiel de l'IA dans leurs efforts pour un monde plus durable.

Cette approche méthodique et réflexive vise à offrir à nos lecteurs une compréhension nuancée et pratique des enjeux, défis et opportunités à l'intersection de l'IA et du Développement Durable.

Nous vous invitons à explorer avec nous ce domaine fascinant et crucial pour notre avenir commun.

PARTIE I :

FONDEMENTS DE L'IA POUR LE DÉVELOPPEMENT DURABLE

L'Intelligence Artificielle (IA) est une technologie transformatrice qui recèle un immense potentiel pour relever les défis les plus pressants de notre époque. Parmi ces défis, le Développement Durable occupe une place centrale. Il englobe un large éventail d'objectifs interdépendants, allant de la protection de l'environnement et de la lutte contre le changement climatique, à la promotion de l'équité sociale et de la prospérité économique inclusive.

Dans cette première partie, nous poserons les fondations nécessaires pour comprendre comment l'IA peut être mise au service de ces objectifs de Développement Durable.

Le premier chapitre introduira les concepts clés d'IA et de Développement Durable, en explorant l'intersection de ces deux domaines et leur potentiel de synergie. Nous examinerons comment les capacités uniques de l'IA, telles que l'apprentissage automatique, l'optimisation et la modélisation prédictive, peuvent être appliquées pour faire progresser les dimensions environnementales, sociétales et économiques de la durabilité.

Le second chapitre se concentrera sur les enjeux transversaux et les perspectives d'avenir de l'IA dans son application à la poursuite du Développement Durable. Nous examinerons les dimensions éthiques, sociétales, les risques et défis ainsi que le cadre politique et de gouvernance à mettre en place pour maîtriser cette dynamique nouvelle.

Ces deux chapitres jetteront ainsi les bases de notre exploration du rôle de l'IA dans le Développement Durable. Ils nous permettront de comprendre les principes fondamentaux et les mécanismes par lesquels l'IA peut être mise au service de la durabilité.

Dans la seconde partie, nous nous appuierons sur ces fondations pour examiner des applications plus spécifiques de l'IA dans quelques secteurs clés du Développement Durable

En explorant ces sujets, notre objectif est de donner au lecteur une compréhension à la fois large et nuancée du potentiel de l'IA pour le Développement Durable. Nous espérons inspirer et outiller ceux qui cherchent à mettre la puissance de l'IA au service d'un avenir plus durable et plus équitable pour tous.

CHAPITRE I.

L'IA ET LE DÉVELOPPEMENT DURABLE : CONCEPTS CLÉS ET CONTEXTE

1. L'Intelligence Artificielle

L'Intelligence Artificielle (IA) englobe le développement de systèmes intelligents capables d'accomplir des tâches qui nécessitent traditionnellement des capacités cognitives humaines [2]. Ces systèmes sont conçus pour traiter l'information, acquérir des connaissances à partir de l'expérience, reconnaître des modèles et contribuer à prendre des décisions éclairées.

Le champ d'application de l'IA s'étend des applications spécialisées, excellant dans des tâches spécifiques, à des applications plus globales qui aspirent à une intelligence générale, cherchant à imiter les processus de pensée humains [3].

Catégories d'IA

L'IA peut être classée en fonction de ses capacités et de ses fonctions. La figure 1 présente les principales catégories avec des exemples d'application.

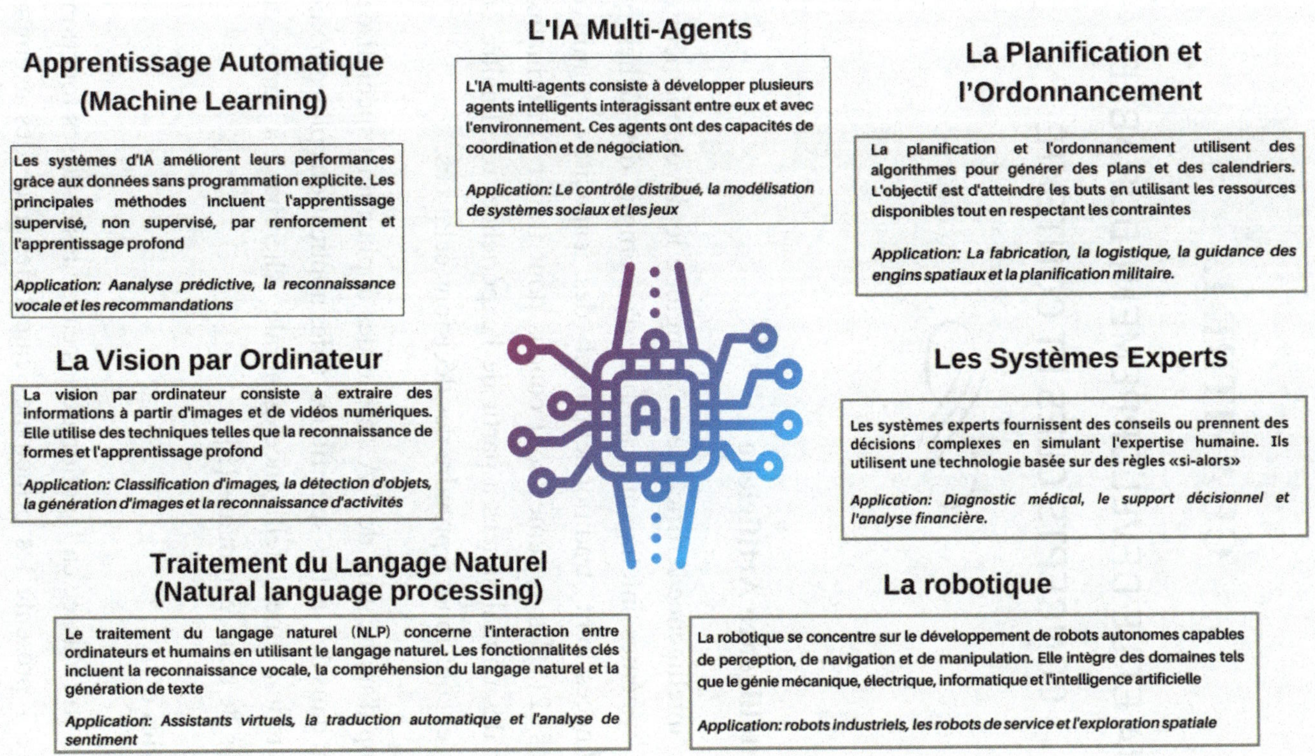

Figure 1 : Les principales catégories de l'IA

2. Le Développement Durable

Le Développement Durable est une approche holistique visant à répondre aux besoins actuels des humains sans compromettre la capacité des générations futures à satisfaire leurs propres besoins [4]. Il cherche à équilibrer les dimensions économiques, sociétales et environnementales, en s'efforçant de réaliser une croissance économique inclusive, l'équité au sein de la société et la préservation de l'environnement [5].

Les pratiques durables englobent la consommation responsable, la promotion des sources d'énergie renouvelables et l'allocation équitable des ressources [6]. Le Développement Durable s'attaque à des problèmes mondiaux tels que la pauvreté, le changement climatique et la dégradation de l'environnement, en s'efforçant de créer un monde meilleur grâce à la collaboration des gouvernements, des entreprises et des individus [7]. À cet effet, les Objectifs de Développement Durable (ODD) des Nations Unies définissent 17 objectifs interdépendants pour parvenir à un avenir équitable et durable d'ici 2030 [8].

Le Développement Durable représente un impératif mondial crucial. Il vise à trouver un équilibre délicat entre la croissance économique, l'équité sociale et la préservation de l'environnement. Cette approche multidimensionnelle inclut la promotion des sources d'énergie renouvelables, l'optimisation de l'efficacité des ressources, la réduction des déchets et la conservation des milieux naturels [19]. Elle accorde une importance primordiale au bien-être social, à l'allocation équitable des ressources et à la préservation du patrimoine culturel [20].

Compte tenu des défis mondiaux urgents que sont l'épuisement des ressources, la perte de biodiversité et le changement climatique, le Développement Durable occupe une place centrale dans l'agenda mondial [9]. Par conséquent, les chercheurs, les décideurs et les organisations explorent de plus en plus des approches innovantes pour favoriser la durabilité et la responsabilité environnementale [10].

Dans ce contexte, l'IA est apparue comme un outil prometteur, offrant le potentiel de révolutionner les technologies vertes et d'accélérer les progrès vers les Objectifs de Développement Durable [7]. Les diverses applications et techniques offertes par l'IA peuvent être exploitées pour améliorer les pratiques durables dans divers secteurs [11]. Qu'il s'agisse d'optimiser les systèmes énergétiques ou de gérer plus efficacement les ressources naturelles, l'IA a le potentiel d'améliorer considérablement les résultats environnementaux et l'utilisation des ressources [12]. En outre, les solutions basées sur l'IA peuvent jouer un rôle essentiel dans le développement des villes intelligentes, de l'agriculture durable, de l'atténuation du changement climatique, des pratiques d'économie circulaire, de la conservation de la biodiversité, etc. [13].

L'intégration de l'IA dans le Développement Durable présente des opportunités de transformation, mais elle nécessite également un examen approfondi de ses implications éthiques, de ses impacts sociaux et de ses risques potentiels [14].

Alors que la société adopte la technologie de l'IA pour relever les défis urgents en matière de durabilité, il devient primordial d'évaluer de manière critique ses avantages et ses inconvénients, en veillant à ce que l'IA soit utilisée de manière responsable et éthique pour servir le bien commun [8].

3. L'intelligence Artificielle et le Développement Durable

Le Développement Durable, en tant que concept visionnaire, reconnaît l'interdépendance entre la croissance économique, le bien-être au sein de la Société et la protection de l'environnement [5].

Son principe fondamental consiste à répondre aux besoins de la génération actuelle tout en préservant la capacité des générations futures à répondre aux leurs [6].

Au cœur du Développement Durable se trouve l'ambition de favoriser la croissance économique tout en préservant les ressources naturelles et en atténuant la dégradation de l'environnement [7].

Ce changement de paradigme est apparu comme une réponse aux défis mondiaux pressants posés par l'épuisement des ressources, la dégradation de l'environnement et les inégalités sociales [15]. En adoptant une approche plus globale et intégrée du développement, le Développement Durable vise à favoriser la résilience, l'inclusion et le bien-être écologique à long terme [9].

Cette approche reconnaît que les modèles conventionnels d'expansion économique, motivés par une consommation effrénée et l'exploitation des ressources, sont intrinsèquement insoutenables [16].

Au lieu de cela, le Développement Durable plaide en faveur d'une économie inclusive et circulaire qui favorise l'efficacité des ressources, la réduction des déchets et les pratiques de recyclage [17]. Cette transformation des modèles économiques vise à découpler la croissance économique de la dégradation de l'environnement, en assurant une coexistence harmonieuse entre la prospérité humaine et la préservation de l'environnement [18].

De plus, le Développement Durable accorde une importance primordiale au bien-être social et à l'équité [19]. Il reconnaît que la croissance économique à elle seule ne se traduit pas automatiquement par une amélioration du niveau de vie ou une réduction des inégalités sociales [20]. L'inclusion sociale, la distribution équitable des ressources et la préservation culturelle font partie intégrante du programme de Développement Durable [5]. En donnant la priorité au bien-être social et en s'attaquant aux problèmes de pauvreté, d'accès à l'éducation, aux soins de santé et aux services de base, le Développement Durable cherche à créer des communautés prospères et résilientes [6].

Ces dernières années, les progrès rapides de la technologie de l'IA ont apporté de nouvelles dimensions à la poursuite des objectifs de Développement Durable [14]. Le potentiel de l'IA à traiter de grandes quantités de données, à identifier des modèles et à en tirer des informations a ouvert des possibilités sans précédent pour une prise de décision éclairée et des politiques fondées sur des données probantes [8]. En exploitant les capacités uniques de l'IA, les acteurs du Développement Durable peuvent optimiser la gestion des ressources, améliorer l'efficacité énergétique et renforcer les efforts de surveillance et de conservation de l'environnement [7].

Dans le contexte de l'efficacité énergétique, les systèmes pilotés par l'IA peuvent analyser des données en temps réel sur la consommation d'énergie, les conditions météorologiques et la production d'énergie afin d'identifier des solutions économes en énergie et d'optimiser la distribution de l'énergie [21]. Ces solutions de réseaux intelligents pilotées par l'IA permettent l'intégration de sources d'énergie renouvelables, facilitant ainsi la transition vers un système énergétique à faible émission de carbone [22].

En outre, l'intégration de l'IA dans l'agriculture durable promet des avancées transformatrices dans la production alimentaire et l'allocation des ressources [23]. Les technologies alimentées par l'IA, telles que l'agriculture de précision, les drones et la télédétection, permettent aux agriculteurs de surveiller la santé des cultures, de prédire le rendement et d'optimiser l'irrigation et l'application d'engrais [24]. En réduisant le gaspillage des ressources et en améliorant la productivité des cultures, l'IA contribue à des pratiques agricoles plus durables et respectueuses de l'environnement [25].

Le potentiel de l'IA dans la lutte contre le changement climatique par le biais de stratégies d'atténuation et d'adaptation est tout aussi important [26]. Les modèles alimentés par l'IA peuvent analyser les données climatiques, évaluer les risques et informer de manière précoce les systèmes d'alerte pour aider les communautés à mieux se préparer aux événements météorologiques extrêmes [27]. De plus, l'IA peut optimiser les efforts d'atténuation du changement climatique en identifiant les zones potentielles de reforestation, de séquestration du carbone et de déploiement des énergies renouvelables [26].

Dans le domaine de l'urbanisation [28], les initiatives de villes intelligentes basées sur l'IA ont le potentiel de révolutionner la vie urbaine et de favoriser la durabilité [29]. Les technologies d'IA peuvent améliorer les systèmes de transport, optimiser la fluidité du trafic et promouvoir les véhicules électriques et autonomes, réduisant ainsi les émissions de gaz à effet de serre et la pollution atmosphérique [30]. De plus, la planification urbaine alimentée par l'IA peut conduire à la création de villes plus vivables, inclusives et respectueuses de l'environnement [13].

Si l'intégration de l'IA dans le Développement Durable présente des opportunités de transformation, elle soulève également d'importantes considérations éthiques et sociales [31]. L'utilisation responsable et transparente de l'IA est essentielle pour s'assurer qu'elle s'aligne sur les principes de durabilité, d'inclusion et de prise de décision éthique [4]. Les questions de confidentialité des données, de biais algorithmique et d'accès équitable aux technologies d'IA doivent être soigneusement abordées afin d'éviter d'exacerber les inégalités sociales existantes [14].

Dans les chapitres suivants, nous explorerons en détail les multiples facettes de l'interaction entre l'IA et le Développement Durable : des implications éthiques et sociétales aux applications concrètes dans divers domaines.

CHAPITRE II.

RÉFLEXIONS MORALES SUR L'UTILISATION DE L'IA POUR LE DÉVELOPPEMENT DURABLE

1. Introduction

Alors que l'intelligence artificielle (IA) s'intègre de plus en plus dans le domaine du Développement Durable, il devient crucial d'examiner attentivement les dimensions morales de ce partenariat. Si la combinaison de l'IA et du Développement Durable offre de nombreuses opportunités, elle soulève également des considérations éthiques complexes qui méritent un examen approfondi. Ce chapitre se propose d'explorer en profondeur les implications morales découlant de l'utilisation de l'IA pour atteindre des objectifs de durabilité, en se concentrant sur des questions clés telles que l'équité, la transparence, la responsabilité, la confidentialité et la sécurité des données.

2. Évaluation des implications éthiques, de l'équité, de la transparence et de la responsabilité dans les algorithmes d'IA et les processus décisionnels

L'exploration des dimensions éthiques des algorithmes d'IA et des processus décisionnels est une tâche complexe qui nécessite une évaluation équilibrée. Il s'agit d'une interaction nuancée entre les aspects techniques, l'impact sociétal et la responsabilité morale. Dans le contexte de la promotion de pratiques durables, il est primordial d'assurer l'équité. Il est essentiel d'évaluer si les résultats générés par l'IA sont impartiaux et équitables, en particulier dans les situations impliquant l'allocation des ressources et l'élaboration de politiques [32]. Cette évaluation va au-delà des détails techniques, en examinant les implications sociétales plus larges de l'IA dans ces contextes critiques.

L'évaluation morale des systèmes d'IA dans le Développement Durable doit englober non seulement leurs capacités, mais aussi leurs conséquences sociétales plus larges. Cela soulève des questions fondamentales sur la façon dont l'IA influence la prise de décision, la distribution des ressources et la participation des individus et des communautés à la construction de leur avenir durable [8]. Par exemple, dans l'allocation des ressources, si les systèmes d'IA perpétuent par inadvertance des biais historiques ou favorisent certains groupes démographiques, cela peut conduire à des résultats injustes et non durables. Par conséquent, une évaluation morale n'est pas un exercice ponctuel, mais un processus continu qui exige vigilance, de la responsabilité et de l'adaptabilité à l'évolution des normes morales.

Le parcours éthique de l'IA est étroitement lié aux pionniers de l'intelligence artificielle, comme Alan Turing, qui a imaginé des machines capables d'une intelligence semblable à celle de l'homme. Cependant, Turing et ses contemporains étaient également conscients des responsabilités éthiques qui accompagnent le développement et l'utilisation des technologies d'IA. L'héritage de Turing nous rappelle que les dimensions éthiques de l'IA ont toujours été plus larges que ses capacités techniques. Dans le contexte actuel, alors que l'IA progresse parallèlement au Développement Durable, les idées fondamentales de Turing continuent d'être pertinentes, mettant l'accent sur les considérations éthiques durables liées à l'IA [33].

En outre, la question de savoir comment l'IA interprète et agit en fonction des principes moraux revêt une importance capitale. Cela incite à une exploration plus approfondie de la façon dont l'IA s'aligne sur les objectifs globaux du Développement Durable. L'IA accorde-t-elle la priorité à la préservation de l'environnement dans ses processus décisionnels ? Favorise-t-elle l'équité sociale ? Il ne s'agit pas de questions abstraites ou techniques, mais de questions morales profondes qui sous-tendent l'utilisation responsable de l'IA dans la poursuite d'objectifs durables. Par conséquent, l'évaluation de ces implications morales sert de boussole pour s'assurer que l'IA est un allié responsable et éthiquement sain dans le domaine du Développement Durable [34].

3. Discussion sur les préoccupations en matière de protection de la vie privée

Alors que les efforts en matière d'IA et de Développement Durable convergent, il est essentiel de répondre aux préoccupations en matière de protection de la vie privée et de mettre en place des mesures solides de protection des données. L'IA s'appuyant fortement sur de vastes ensembles de données, la protection du droit à la vie privée des individus devient une priorité absolue. Cela est particulièrement important dans les initiatives de Développement Durable, où les données personnelles et environnementales se recoupent inévitablement. Trouver un équilibre entre l'utilisation des données pour des objectifs durables et le respect de la vie privée est une tâche complexe. Cela exige non seulement le respect de la loi, mais aussi un traitement éthique des données [35].

La préservation du droit à la vie privée à l'ère des mégadonnées n'est pas seulement une obligation légale, c'est un impératif moral. Bien qu'il soit essentiel de se conformer aux cadres juridiques, c'est l'engagement envers des pratiques éthiques de traitement des données qui distingue le déploiement responsable de l'IA. Cet engagement englobe une communication transparente avec les parties prenantes sur la manière dont leurs données seront utilisées et sur les principes éthiques qui guident leur utilisation. L'obtention d'un consentement éclairé et la mise en œuvre de mesures de sécurité strictes pour se protéger contre les accès non autorisés ou les violations de données font partie intégrante d'une gouvernance éthique des données [36]. Par conséquent, une IA responsable dans le Développement Durable implique non seulement des compétences techniques, mais aussi un dévouement indéfectible à la protection de la vie privée et des droits des individus et des communautés.

De plus, la prise en compte des préoccupations en matière de protection de la vie privée et des données est un défi à multiples facettes qui va au-delà des données personnelles. Elle s'étend au domaine des données environnementales, où les considérations morales se chevauchent. Par exemple, dans les efforts de conservation, l'utilisation responsable et éthique des données environnementales est essentielle pour prendre des décisions éclairées qui ont un impact sur les écosystèmes. Cette complexité ajoute un autre niveau de responsabilité morale, ce qui nécessite des pratiques transparentes et responsables en matière de données qui s'alignent sur les considérations environnementales et de protection de la vie privée.

Dans le contexte du Développement Durable, l'utilisation responsable des données n'est pas une question anodine, mais un pilier moral central. Il s'agit d'un exercice d'équilibre délicat entre l'exploitation des données pour relever les défis mondiaux tout en respectant les droits individuels et la gérance de l'environnement [37]. Par conséquent, des principes éthiques de gouvernance des données doivent être conçus pour relever ces défis multidimensionnels et en constante évolution, en veillant à ce que les données soient traitées avec le plus grand soin et la plus grande responsabilité.

4. Vers un avenir durable éthique et inclusif alimenté par l'IA

Le cheminement vers un avenir durable, éthique et inclusif alimenté par l'IA est marqué par un engagement profond à respecter les principes d'équité, de transparence, de responsabilité, de confidentialité et de sécurité des données. Ces principes ne sont pas des idéaux passifs, mais des impératifs réalisables qui guident chaque facette de l'intégration de l'IA vers un Développement Durable.

L'évaluation éthique s'étend au-delà du domaine théorique ; elle se manifeste dans les aspects pratiques de la façon dont les algorithmes d'IA sont développés et mis en œuvre, de la façon dont les données sont collectées et utilisées, et de la façon dont les communautés sont engagées dans les processus de prise de décision. Elle appelle à un dialogue continu et inclusif, impliquant diverses parties prenantes, notamment les communautés, les experts, les décideurs politiques et les éthiciens [38]. En nous engageant dans ce dialogue, nous veillons à ce que l'IA serve le bien collectif et que ses impacts s'alignent sur les fondements moraux d'un Développement Durable.

De plus, la réalisation d'un avenir éthique et inclusif exige un apprentissage et une adaptation continus. Le paysage moral qui entoure l'IA et le Développement Durable est dynamique et sujet à changement. Les nouvelles technologies, les défis émergents et l'évolution des normes sociétales nécessitent une approche réactive et avant-gardiste de l'évaluation morale [39]. Cette approche exige un dialogue, une collaboration et un engagement continus avec diverses parties prenantes, y compris les communautés, les experts, les décideurs et les éthiciens.

En fin de compte, la poursuite d'un avenir durable, éthique et inclusif alimenté par l'IA est un effort collectif qui transcende les organisations ou les entités individuelles. Il appelle à un engagement mondial en faveur d'un déploiement responsable de l'IA et de pratiques éthiques en matière de données. En alignant les progrès technologiques sur les principes moraux, nous avons la possibilité de créer un avenir où l'IA est une force de changement positif, conduisant à un Développement Durable qui profite à toute l'humanité. Cet avenir n'est pas une aspiration lointaine, mais un objectif tangible qui peut être atteint grâce à des efforts concertés, à des valeurs partagées et à un dévouement inébranlable à l'amélioration de notre monde.

5. Conclusion

En conclusion, les réflexions morales sur l'utilisation de l'IA pour le Développement Durable sont d'une importance capitale. Alors que nous naviguons dans ce paysage complexe, il est essentiel d'adopter une approche éthique et inclusive qui donne la priorité à l'équité, à la transparence, à la responsabilité et à la protection de la vie privée.

En évaluant attentivement les implications éthiques des algorithmes d'IA et des processus décisionnels, en abordant les préoccupations en matière de confidentialité et de sécurité des données, et en s'engageant dans un dialogue inclusif avec diverses parties prenantes, nous pouvons façonner un avenir où l'IA est un catalyseur puissant pour un Développement Durable qui profite à tous.

Bien qu'il y ait des défis à relever, le potentiel de l'IA pour faire progresser les objectifs de durabilité est immense. En adoptant une approche éthique et en plaçant les valeurs morales au cœur de nos efforts, nous pouvons libérer le pouvoir de l'IA pour créer un monde plus équitable, plus inclusif et plus durable pour les générations à venir.

Après avoir examiné les considérations éthiques liées à l'utilisation de l'IA dans le Développement Durable, il est essentiel d'élargir notre perspective pour englober les implications sociétales plus larges de cette intégration technologique. Si les réflexions morales nous fournissent un cadre pour évaluer la responsabilité et l'équité de l'IA, les impacts sociétaux nous confrontent aux réalités pratiques de son déploiement à grande échelle. Dans le chapitre suivant, nous explorerons comment l'IA transforme non seulement nos outils et nos processus, mais aussi nos structures sociales, nos dynamiques de travail et nos modes de vie. Cette analyse nous permettra de mieux comprendre les défis et les opportunités que présente l'IA pour créer une société plus durable et équitable.

CHAPITRE III.

IMPLICATIONS SOCIÉTALES DE L'IA DANS LE DÉVELOPPEMENT DURABLE

1. Introduction

L'intégration de l'intelligence artificielle (IA) dans le Développement Durable marque un tournant décisif, marqué par la fusion de technologies de pointe avec les principes fondamentaux d'amélioration de la société et de protection de l'environnement. Ce chapitre se lance dans une exploration approfondie des dynamiques complexes qui émergent lorsque l'IA croise le chemin de la Société, nécessitant un examen minutieux des dimensions sociales, un engagement envers l'équité et l'inclusion, et une réflexion sur la façon dont la Société adopte l'IA dans la poursuite du Développement Durable [8].

2. Évaluation des dimensions sociales, de l'équité, de l'inclusivité et de l'acceptation sociale de l'adoption de l'IA dans le développement durable

L'intégration de l'IA dans le Développement Durable dépasse le domaine de la technologie ; elle représente un changement de paradigme qui se répercute sur les fondements mêmes des structures sociétales. Cette transformation nécessite une évaluation approfondie de la façon dont l'IA interagit avec le réseau complexe de dimensions sociales, en examinant si elle autonomise divers groupes sociaux, favorisant une plus grande participation et une plus grande capacité d'action, ou si elle exacerbe par inadvertance les disparités existantes [40]. Cette analyse se penche sur la façon dont l'IA est utilisée dans le contexte du Développement Durable, en s'efforçant de s'assurer qu'elle est une force de changement positif qui trouve un écho auprès du large éventail d'individus et de communautés qu'elle est censée servir.

L'équité et l'inclusivité apparaissent comme des principes directeurs dans ce discours. Au fur et à mesure que les technologies d'IA prennent de l'importance, il incombe à la société de veiller à ce que les avantages qu'elles confèrent ne soient pas confinés à des enclaves privilégiées, mais soient accessibles et bénéfiques à toutes les couches de la population [41]. Cela exige un effort concerté pour combler le fossé numérique, en tenant compte de facteurs tels que l'accessibilité, l'abordabilité et la littératie numérique, afin que les avantages de l'IA soient démocratisés dans toute la société.

De plus, le niveau d'acceptation sociale de l'adoption de l'IA dans le Développement Durable ne peut être sous-estimé. L'acceptation ne dépend pas uniquement de la faisabilité technique, mais repose sur des facteurs tels que la confiance, la compréhension et les avantages perçus que l'IA apporte à la société. Cela nécessite un dialogue inclusif et transparent avec les communautés, les parties prenantes et le grand public [42]. Ce dialogue sert de creuset pour élucider les avantages potentiels de l'IA dans la poursuite d'objectifs durables, tout en fournissant une plate-forme pour répondre aux préoccupations, recueillir des idées et co-créer des solutions qui résonnent avec le large éventail de perspectives qui composent la société.

3. Analyse des risques sociaux et de l'emploi associés à l'automatisation et à la généralisation de l'IA

L'essor de l'IA signale un changement majeur sur les marchés du travail et l'emploi. Bien que l'IA promette une efficacité accrue, son adoption généralisée pourrait également perturber les paysages traditionnels de l'emploi et créer des risques sociaux. Au fur et à mesure que les machines prennent en charge certaines tâches, les secteurs d'emploi, les exigences en matière de compétences et la répartition des revenus peuvent changer fondamentalement. Une analyse minutieuse des impacts potentiels sur la main-d'œuvre et des risques sociaux est cruciale pour assurer une transition économique harmonieuse et équitable. Des politiques et des systèmes de soutien proactifs seront nécessaires pour atténuer les risques, favoriser l'adaptation de la main-d'œuvre et protéger les groupes vulnérables face à l'évolution axée sur l'IA [43].

Dans le cadre de ce recalibrage, certains secteurs pourraient connaître des déplacements d'emplois, tandis que d'autres pourraient assister à l'émergence de nouveaux rôles nécessitant des compétences techniques avancées. Il est essentiel de reconnaître que l'impact de ces changements n'est pas uniforme d'un secteur ou d'une région à l'autre, et qu'une approche nuancée est donc nécessaire pour assurer une transition en douceur. Il s'agit notamment de favoriser une culture d'adaptabilité et d'apprentissage continu, en donnant aux individus les moyens d'acquérir les compétences nécessaires pour prospérer dans un marché du travail en constante évolution [44].

De plus, les impacts de l'automatisation et de l'adoption généralisée de l'IA s'étendent au-delà du niveau individuel pour englober des ramifications sociales plus larges. Le déplacement des travailleurs, s'il n'est pas géré de manière stratégique, peut se répercuter sur les communautés, ce qui peut entraîner des disparités économiques et des bouleversements sociaux. Ainsi, une approche prudente impliquerait la formulation de politiques et de mécanismes visant à fournir des filets de sécurité aux personnes touchées par le déplacement de l'emploi. Il peut s'agir de possibilités de transition en douceur, d'un accès aux ressources éducatives et de systèmes de soutien social pour garantir que les avantages de l'adoption de l'IA sont largement partagés et que personne n'est laissé pour compte dans la marche vers un avenir axé sur l'IA [45].

4. Discussion sur les mesures visant à assurer une transition équitable et inclusive vers une économie fondée sur l'IA

La transition vers une économie basée sur l'IA constitue un changement transformateur qui exige une approche stratégique et inclusive pour garantir que le processus se déroule de manière équitable, inclusive et préserve la dignité et les moyens de subsistance de tous les membres de la société. Cet impératif implique une discussion approfondie sur les mesures politiques, les initiatives éducatives et les systèmes de soutien conçus pour faciliter une transition harmonieuse.

À l'avant-garde de cet effort se trouve la formulation de cadres politiques fondés sur les principes d'équité, d'inclusion et d'accès. Ces politiques devraient non seulement favoriser un environnement propice à la prolifération de l'IA, mais aussi être élaborées avec discernement afin d'atténuer les risques et les disparités potentiels [46]. Il s'agit notamment de politiques ciblées qui encouragent le développement de l'IA d'une manière qui s'aligne sur les objectifs sociétaux, ainsi que de réglementations qui protègent contre la concentration indue des avantages.

L'éducation et la formation constituent les pivots de cette transition. Doter les individus des compétences et des connaissances nécessaires pour prospérer dans une économie axée sur l'IA est un impératif non négociable. Cela nécessite de repenser les programmes éducatifs, en mettant l'accent sur la culture de la pensée critique, de la résolution de problèmes et de l'adaptabilité – des compétences indispensables à une époque caractérisée par des progrès technologiques rapides [47].

En outre, l'impératif de créer une transition juste et inclusive exige la mise en place de filets de sécurité et de systèmes de soutien. Il reconnaît qu'au cours des progrès, il peut y avoir des personnes ou des communautés qui risquent d'être temporairement disloquées ou qui ont besoin d'un soutien supplémentaire. Par conséquent, il incombe à la société de mettre en œuvre des mécanismes qui offrent un coussin de sécurité, y compris des allocations de chômage, des programmes de recyclage et des initiatives ciblées pour améliorer les communautés marginalisées [48].

5. Conclusion

L'intégration de l'IA dans le Développement Durable n'est pas seulement une entreprise technologique, mais une transformation sociétale aux dimensions profondes. Elle invite la société à naviguer dans cette transition avec un sens de l'objectif et de l'inclusion, en veillant à ce que les avantages soient partagés de manière large et équitable. En donnant la priorité à l'équité et à l'inclusion, nous pouvons engendrer un avenir alimenté par l'IA qui enrichit la vie et les moyens de subsistance de tous les membres de la société, favorisant ainsi un monde plus équitable et plus prospère pour les générations à venir.

Les implications sociales de l'IA dans le Développement Durable sont vastes et profondes. De l'évaluation des dimensions sociales et de l'acceptation de l'IA à l'analyse des risques liés à l'emploi et à la discussion des mesures pour une transition inclusive, ce chapitre a mis en lumière les nombreuses facettes de cette transformation sociétale. Il est clair que l'intégration réussie de l'IA nécessite une approche délibérée et nuancée qui donne la priorité à l'équité, à l'inclusivité et au bien-être de tous les membres de la société.

En abordant ces implications sociales de manière proactive et en plaçant les valeurs d'équité et d'inclusion au cœur de nos efforts, nous pouvons exploiter le pouvoir de l'IA pour favoriser un Développement Durable qui profite à toute l'humanité. L'avenir de l'IA et du Développement Durable est inextricablement lié à notre capacité à naviguer dans ces dynamiques sociales complexes et à façonner une société où la technologie et le progrès social avancent main dans la main.

Après avoir examiné les impacts sociétaux de l'IA, le chapitre suivant se concentrera sur les risques concrets et les défis pratiques que pose son utilisation dans le cadre du Développement Durable.

CHAPITRE IV.

FAIRE FACE AUX RISQUES ET AUX DÉFIS DE L'IA DANS LE CADRE DU DÉVELOPPEMENT DURABLE

1. Introduction

L'intégration de l'Intelligence Artificielle (IA) dans les initiatives de Développement Durable offre des opportunités sans précédent pour relever les défis complexes auxquels notre planète est confrontée. Cependant, cette fusion prometteuse s'accompagne également de risques et de défis qui méritent une attention particulière. Ce chapitre se penche sur les aspects critiques de la gestion des risques liés à l'IA dans le contexte du Développement Durable, en explorant des thèmes tels que l'empreinte environnementale de l'IA, les préoccupations en matière de protection de la vie privée et des données, les questions de biais et de discrimination, ainsi que les risques potentiels découlant d'une dépendance excessive à l'égard de l'IA.

La figure 2 offre un aperçu clair des risques et des stratégies associés à l'intégration de l'IA dans le Développement Durable, soulignant la nécessité de pratiques responsables et éthiques.

	Empreinte Environnementale	Confidentialité et Sécurité des Données
Risque	Coûts environnementaux potentiels du déploiement de l'IA.	Préoccupations concernant la confidentialité et la sécurité des données.
Défi	S'assurer que les impacts environnementaux de l'IA ne l'emportent pas sur ses bénéfices.	Mesures robustes et gouvernance transparente nécessaires.
Stratégies	Optimisation des algorithmes, utilisation des énergies renouvelables, principes de l'économie circulaire.	Cadres réglementaires solides, gestion éthique des données, engagement des parties prenantes.

	Biais et Discrimination	Dépendance et Risques
Risque	Biais et discrimination dans les algorithmes d'IA.	Dépendance sur l'IA entraînant des vulnérabilités en matière de sécurité et de cybersécurité.
Défi	Identifier et corriger les biais algorithmiques.	Gestion des risques liés aux défaillances des systèmes.
Stratégies	Conception équitable des algorithmes, audits réguliers, transparence, diversité dans les équipes de développement.	Mécanismes de sécurité robustes, supervision humaine, planification de la résilience.

Figure 2 : Risques et défis de l'intégration de l'IA dans le développement durable

2. Évaluation de l'empreinte environnementale de l'IA et stratégies de promotion de pratiques durables dans le déploiement de l'IA

L'un des aspects cruciaux de l'intégration responsable de l'IA dans le Développement Durable est la prise en compte de son empreinte environnementale. Les systèmes d'IA, en particulier les modèles d'apprentissage profond, nécessitent d'importantes ressources de calcul et consomment de grandes quantités d'énergie [49]. Cette consommation d'énergie contribue aux émissions de gaz à effet de serre et a un impact sur l'environnement. Il est donc essentiel d'évaluer et de quantifier l'empreinte carbone des technologies d'IA afin de s'assurer que leurs bénéfices ne sont pas contrebalancés par des coûts environnementaux.

Pour atténuer l'impact environnemental de l'IA, plusieurs stratégies peuvent être mises en œuvre. L'une d'entre elles consiste à optimiser les algorithmes et les architectures matérielles pour les rendre plus efficaces sur le plan énergétique [50]. La recherche de solutions algorithmiques et matérielles économes en énergie peut considérablement réduire la consommation électrique des systèmes d'IA. En outre, l'utilisation de sources d'énergie renouvelables pour alimenter les infrastructures d'IA est un pas important vers l'alignement du déploiement de l'IA avec les pratiques durables [51].

Les principes de l'économie circulaire peuvent également être appliqués au matériel d'IA. La conception de systèmes d'IA en tenant compte de leur durée de vie, de leur réparabilité et de leur recyclabilité peut contribuer à réduire leur impact environnemental [52]. De plus, la réaffectation et la réutilisation du matériel existant peuvent renforcer les pratiques durables dans le déploiement de l'IA.

La promotion de la transparence et de la responsabilité dans le développement de l'IA est tout aussi cruciale. Cela implique de divulguer les évaluations de l'impact environnemental des systèmes d'IA et d'adopter des mesures standardisées pour évaluer leur durabilité [53]. Ces informations permettent aux parties prenantes de prendre des décisions éclairées sur le déploiement de l'IA, en s'assurant qu'il est aligné sur les objectifs de durabilité.

Enfin, il est essentiel de favoriser une culture d'amélioration continue et d'innovation dans les pratiques durables de l'IA. Cela passe par l'encouragement de la recherche et du développement d'algorithmes économes en énergie, la promotion de l'adoption de solutions matérielles durables et le partage des connaissances au sein de la communauté de l'IA [54].

3. Exploration des défis liés à la protection de la vie privée et des données dans le contexte de l'utilisation de l'IA

La protection de la vie privée et la sécurité des données sont des préoccupations majeures dans le contexte de l'IA et du Développement Durable. Les systèmes d'IA reposent souvent sur de vastes ensembles de données, y compris des informations personnelles et sensibles. La collecte, le stockage et l'utilisation de ces données soulèvent des questions cruciales sur le droit à la vie privée des individus et la sécurité de leurs informations [55].

Il est essentiel de mettre en place des mesures robustes de protection des données et de la vie privée lors du déploiement de l'IA dans les initiatives de Développement Durable. Cela implique de se conformer aux réglementations en vigueur, telles que le Règlement Général sur la Protection des Données (RGPD) en Europe, et d'adopter des pratiques éthiques de gestion des données qui vont au-delà des exigences légales [56].

La transparence et le consentement éclairé sont des principes clés dans ce contexte. Les individus doivent être informés de la manière dont leurs données sont collectées et utilisées par les systèmes d'IA, et avoir le contrôle sur leurs informations personnelles [57]. Des mécanismes doivent être mis en place pour permettre aux individus d'accéder à leurs données, de les rectifier ou de les supprimer si nécessaire.

La sécurité des données est également primordiale. Les systèmes d'IA doivent être conçus avec des mesures de sécurité robustes pour protéger les données contre les accès non autorisés, les violations et les cyberattaques [58]. Des protocoles de chiffrement, des contrôles d'accès stricts et des audits de sécurité réguliers sont essentiels pour maintenir l'intégrité et la confidentialité des données.

Il est également important de considérer les implications éthiques de l'utilisation des données par l'IA. Les questions de biais algorithmique, de discrimination et d'équité doivent être soigneusement examinées [59]. Les systèmes d'IA doivent être conçus et testés pour éviter de perpétuer ou d'amplifier les biais existants, et pour promouvoir l'équité et l'inclusion.

Enfin, la gouvernance des données est un aspect crucial. Des cadres de gouvernance clairs doivent être établis pour régir la collecte, l'utilisation et le partage des données dans le contexte de l'IA et du Développement Durable [60]. Ces cadres doivent impliquer diverses parties prenantes, y compris les gouvernements, les entreprises, la société civile et les individus, pour garantir une approche inclusive et équilibrée de la gestion des données.

4. Analyse des problèmes de biais et de discrimination dans les algorithmes d'IA et méthodes pour atténuer les biais

Les biais et la discrimination dans les algorithmes d'IA constituent un défi majeur pour l'intégration responsable de l'IA dans le Développement Durable. Les systèmes d'IA peuvent refléter et amplifier les biais humains présents dans les données d'entraînement, conduisant à des résultats discriminatoires et à des décisions injustes [61].

Il est crucial d'identifier et de traiter les sources potentielles de biais tout au long du cycle de vie de l'IA. Cela commence par un examen attentif des données utilisées pour entraîner les modèles d'IA. Les ensembles de données doivent être diversifiés et représentatifs des populations concernées, afin d'éviter de perpétuer des biais historiques ou sociétaux [62]. Des techniques de prétraitement des données, telles que la suppression des variables sensibles ou le rééquilibrage des ensembles de données, peuvent aider à atténuer les biais.

La conception des algorithmes d'IA doit également tenir compte des questions de biais et de discrimination. Les développeurs doivent être conscients des préjugés potentiels et s'efforcer de créer des modèles équitables et inclusifs [63]. Des approches telles que l'apprentissage équitable (Fairness Learning) et les algorithmes de traitement équitable (Fairness-aware Algorithms) peuvent être utilisées pour intégrer des considérations d'équité dans le processus d'apprentissage automatique [64].

Il est également important de garantir la transparence et l'explicabilité des systèmes d'IA. Les décisions prises par l'IA doivent être compréhensibles et interprétables, permettant d'identifier et de corriger les biais potentiels [65]. Des techniques d'explicabilité, telles que l'apprentissage profond interprétable (Interpretable Deep Learning) et les méthodes de perturbation, peuvent aider à rendre les modèles d'IA plus transparents et compréhensibles [66].

Des audits réguliers et des évaluations des systèmes d'IA sont essentiels pour détecter et atténuer les biais. Des cadres d'évaluation de l'équité, tels que l'équité démographique (demographic parity) et l'égalité des chances (equality of opportunity), peuvent être utilisés pour mesurer et comparer les performances des modèles d'IA en termes d'équité [67]. Des tests de biais et des évaluations par des tiers peuvent également aider à identifier les problèmes de discrimination.

Enfin, la diversité et l'inclusion dans les équipes de développement de l'IA sont cruciales pour atténuer les biais. Des équipes diverses, avec des perspectives et des expériences variées, sont mieux équipées pour identifier et traiter les biais potentiels [68]. La formation et la sensibilisation aux questions d'équité et de discrimination doivent faire partie intégrante de la culture des organisations développant des systèmes d'IA.

5. Évaluation des risques associés à une dépendance excessive à l'égard de l'IA, y compris la sûreté, la cybersécurité et la vulnérabilité aux défaillances des systèmes

Une dépendance excessive à l'égard de l'IA dans les initiatives de Développement Durable peut présenter des risques et des défis supplémentaires. Il est essentiel d'évaluer et de gérer ces risques pour garantir une intégration responsable et durable de l'IA.

L'un des principaux risques est celui de la sûreté et de la fiabilité des systèmes d'IA. Les défaillances ou les comportements inattendus des systèmes d'IA peuvent avoir des conséquences graves, en particulier dans des domaines critiques tels que la santé, les transports et l'énergie [69]. Il est crucial de mettre en place des mécanismes de sécurité robustes, tels que des tests rigoureux, des validations et des procédures de surveillance, pour garantir le bon fonctionnement des systèmes d'IA et minimiser les risques de défaillance.

La cybersécurité est un autre défi majeur lié à la dépendance à l'égard de l'IA. À mesure que les systèmes d'IA sont de plus en plus intégrés dans les infrastructures critiques et les processus de Développement Durable, ils deviennent des cibles potentielles pour les cyberattaques [70]. Des mesures de sécurité solides, telles que le chiffrement des données, l'authentification multi-facteurs et la détection des intrusions, doivent être mises en place pour protéger les systèmes d'IA contre les accès non autorisés et les attaques malveillantes.

La vulnérabilité des systèmes d'IA aux attaques adverses est également un risque important. Les attaques adverses impliquent la manipulation intentionnelle des données d'entrée pour tromper les modèles d'IA et provoquer des résultats erronés ou biaisés [71]. Ces attaques peuvent avoir des conséquences graves, en particulier dans des domaines sensibles tels que la prise de décision médicale ou la surveillance environnementale. Des techniques de défense, telles que l'entraînement contradictoire (Adversarial Training) et la détection des anomalies, doivent être employées pour renforcer la résilience des systèmes d'IA face aux attaques adverses [72].

Il est également important de considérer les risques liés à la dépendance excessive à l'égard de l'IA dans la prise de décision. Bien que l'IA puisse fournir des informations précieuses et des recommandations, il est crucial de maintenir une supervision et un contrôle humains appropriés [73]. Une confiance aveugle dans les décisions de l'IA peut conduire à des résultats indésirables ou à des erreurs de jugement. Les systèmes d'IA doivent être conçus pour soutenir et informer la prise de décision humaine, plutôt que pour la remplacer entièrement.

Enfin, il est essentiel de développer des plans d'urgence et des stratégies de résilience pour faire face aux défaillances potentielles des systèmes d'IA. Cela implique d'avoir des systèmes de secours, des processus de récupération des données et des protocoles de communication clairs en place pour minimiser les perturbations et assurer la continuité des opérations en cas de défaillance de l'IA [74].

6. Le risque d'une IA incontrôlable : perspectives et réalités

Dans les chapitres et sections précédentes, nous avons exploré le potentiel transformateur de l'IA pour le Développement Durable. Cependant, pour une discussion complète, nous devons également aborder le concept de singularité et les risques existentiels liés à l'IA.

La singularité fait référence à un point hypothétique dans le futur où l'IA atteindrait ou dépasserait l'intelligence humaine, devenant capable de s'auto-améliorer à un rythme exponentiel [75]. Ce scénario soulève des préoccupations quant aux risques existentiels, c'est-à-dire des risques qui menacent l'existence de l'humanité entière [76].

Les risques liés à une IA avancée peuvent être classés en plusieurs catégories :

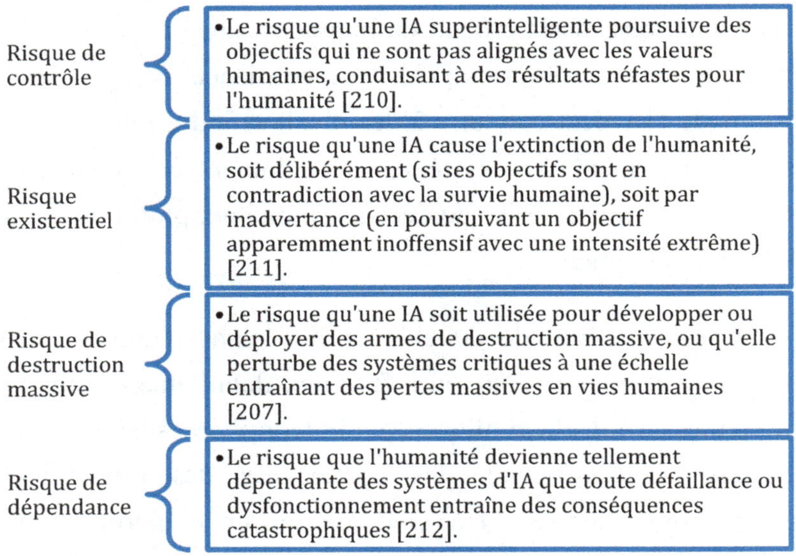

Figure 3 : Risques liés à une IA avancée

Bien que ces risques soient hypothétiques, de nombreux experts soutiennent que leur impact potentiel justifie une attention sérieuse [77]. Cependant, les opinions divergent quant à la probabilité et à la chronologie de ces scénarios. Certains considèrent la singularité comme inévitable et imminente, tandis que d'autres la voient comme lointaine, voire improbable [206].

Malgré ces incertitudes, il existe un large consensus sur la nécessité d'un développement responsable de l'IA. Des mesures telles que la recherche sur l'alignement des valeurs [78], les systèmes de contrôle [79] et la gouvernance internationale [44] peuvent contribuer à atténuer les risques. Une coopération multidisciplinaire, la transparence et une réglementation adaptée seront essentielles pour s'assurer que l'IA reste un outil au service du Développement Durable et du bien-être de l'humanité.

7. Conclusion

L'intégration de l'IA dans les initiatives de Développement Durable offre des possibilités immenses de relever les défis complexes auxquels notre planète est confrontée. Cependant, cette intégration s'accompagne de risques et de défis qui nécessitent une attention et une gestion prudentes.

L'évaluation de l'empreinte environnementale de l'IA et la promotion de pratiques durables dans son déploiement sont essentielles pour s'assurer que les avantages de l'IA ne sont pas contrebalancés par des coûts environnementaux. Des stratégies telles que l'optimisation des algorithmes, l'utilisation de sources d'énergie renouvelables et l'application de principes d'économie circulaire peuvent contribuer à atténuer l'impact de l'IA sur l'environnement.

La protection de la vie privée et la sécurité des données sont des préoccupations majeures qui nécessitent des mesures robustes, une transparence et une gouvernance responsable des données. Des cadres réglementaires solides, des pratiques éthiques de gestion des données et la participation des parties prenantes sont essentiels pour relever ces défis.

Les questions de biais et de discrimination dans les algorithmes d'IA doivent être activement identifiées et traitées. Une conception équitable des algorithmes, des audits réguliers, une transparence et une explicabilité des systèmes d'IA, ainsi que la diversité dans les équipes de développement, sont des stratégies clés pour atténuer les biais.

Enfin, les risques liés à une dépendance excessive à l'égard de l'IA, tels que les problèmes de sûreté, les cyberattaques et la vulnérabilité aux défaillances des systèmes, nécessitent une évaluation et une gestion rigoureuses. Des mécanismes de sécurité robustes, une supervision humaine appropriée et des plans de résilience sont cruciaux pour atténuer ces risques.

En abordant ces défis de manière proactive et en mettant en œuvre des stratégies d'atténuation, nous pouvons exploiter le potentiel de l'IA pour faire progresser le Développement Durable de manière responsable et éthique. Une approche prudente et réfléchie de l'intégration de l'IA est essentielle pour créer un avenir où la technologie et la durabilité coexistent harmonieusement au profit de l'humanité et de la planète.

Ayant identifié les principaux risques et défis, nous explorerons, dans le chapitre suivant, les cadres politiques et de gouvernance nécessaires pour encadrer et optimiser l'utilisation de l'IA dans le Développement Durable.

CHAPITRE V.

CADRES POLITIQUES ET DE GOUVERNANCE POUR L'IA ET LE DÉVELOPPEMENT DURABLE

1. Introduction

L'intégration de l'Intelligence Artificielle (IA) dans les initiatives de Développement Durable offre des opportunités sans précédent pour relever les défis complexes auxquels notre planète est confrontée. Cependant, pour exploiter pleinement le potentiel de l'IA tout en atténuant les risques et les défis associés, il est essentiel de mettre en place des cadres politiques et de gouvernance solides. Ce chapitre explore les politiques et les cadres de gouvernance existants qui façonnent l'intersection des domaines de l'IA et du Développement Durable, et propose des recommandations pour une utilisation responsable et durable de l'IA dans divers contextes.

2. Examen des politiques et des cadres de gouvernance existants liés à l'intégration de l'IA et du développement durable

Les politiques et les cadres de gouvernance jouent un rôle crucial dans l'orientation du développement et du déploiement de l'IA pour le Développement Durable. Au niveau international, des organisations telles que les Nations Unies et l'OCDE ont élaboré des principes et des lignes directrices pour une IA responsable et éthique [80]. Les Objectifs de Développement Durable (ODD) des Nations Unies fournissent un cadre global pour aligner les efforts de l'IA sur les priorités de Développement Durable [81]. En mars 2024, l'ONU a adopté pour la première fois une résolution visant à établir un cadre international pour le développement de l'intelligence artificielle (IA). Parmi les principaux points de cette résolution figure la nécessité d'instaurer une gouvernance des données qui soit « juste, inclusive, responsable et efficace ». L'objectif est de prévenir les discriminations et de permettre à chacun d'éviter les éventuels préjudices causés par les systèmes d'IA.

Au niveau national, de nombreux pays ont développé leurs propres stratégies et politiques en matière d'IA, intégrant des considérations de durabilité et d'éthique. Par exemple, la stratégie nationale de l'IA du Canada met l'accent sur l'utilisation responsable de l'IA pour le bien social et environnemental [82]. De même, la stratégie nationale de l'IA de l'Inde vise à exploiter l'IA pour un développement inclusif et durable [83].

Des cadres réglementaires spécifiques à l'IA émergent également, comme le Règlement européen sur l'IA proposé par l'Union Européenne, qui vise à établir des règles harmonisées pour le développement, la mise sur le marché et l'utilisation de systèmes d'IA, en mettant l'accent sur la gestion des risques et la conformité éthique [84].

Outre les politiques gouvernementales, des initiatives multipartites et sectorielles contribuent à façonner la gouvernance de l'IA pour le Développement Durable. Les Principes d'Asilomar pour une IA bénéfique, développés par un groupe diversifié d'experts en IA, fournissent des lignes directrices pour un développement responsable de l'IA [85]. Le Partenariat mondial sur l'IA (GPAI) rassemble des experts internationaux pour promouvoir une IA responsable et centrée sur l'humain [86]. En parallèle des politiques gouvernementales et des efforts sectoriels collaboratifs, il est essentiel de mettre en place des cadres de gouvernance spécifiquement conçus pour assurer une utilisation responsable de l'IA au sein des entreprises.

3. Analyse des recommandations politiques et des stratégies visant à assurer une utilisation responsable et durable de l'IA dans divers contextes

Pour garantir une utilisation responsable et durable de l'IA dans le contexte du Développement Durable, diverses recommandations politiques et stratégies ont été proposées. Une recommandation clé est d'adopter une approche de gouvernance adaptative et agile, capable de s'adapter au rythme rapide de l'évolution technologique [87]. Les cadres politiques doivent être suffisamment flexibles pour s'adapter aux nouvelles opportunités et aux nouveaux défis qui émergent avec les progrès de l'IA.

L'intégration de considérations éthiques dans la conception, le développement et le déploiement de l'IA est cruciale. Les principes éthiques tels que la transparence, la responsabilité, la protection de la vie privée et l'équité doivent être intégrés dans les politiques et les pratiques de gouvernance de l'IA [88]. Des mécanismes tels que les évaluations d'impact algorithmique et les audits d'IA peuvent aider à identifier et à atténuer les risques éthiques [89].

La collaboration interdisciplinaire et la participation des parties prenantes sont essentielles pour une gouvernance efficace de l'IA. Les politiques doivent encourager le dialogue et la coopération entre les gouvernements, l'industrie, le monde universitaire, la société civile et les communautés concernées [90]. L'engagement des parties prenantes peut contribuer à aligner le développement de l'IA sur les valeurs et les besoins sociétaux, favorisant ainsi une plus grande acceptabilité et durabilité.

Le renforcement des capacités et l'éducation sont également des éléments clés pour garantir une utilisation responsable de l'IA. Les politiques doivent soutenir le développement des compétences en IA, promouvoir la littératie numérique et encourager une compréhension plus large des implications éthiques et sociétales de l'IA [91]. Des programmes éducatifs ciblés peuvent aider à préparer la main-d'œuvre et les citoyens à l'ère de l'IA.

La gouvernance de l'IA pour le Développement Durable nécessite également des investissements dans la recherche et l'innovation responsables. Les politiques doivent soutenir la recherche interdisciplinaire qui examine les implications sociales, éthiques et environnementales de l'IA [92]. L'innovation responsable implique d'anticiper et de gérer les risques potentiels, d'encourager la participation du public et de s'assurer que les avancées de l'IA profitent à la société dans son ensemble.

La coopération internationale est essentielle pour une gouvernance mondiale efficace de l'IA. Les défis du Développement Durable transcendent les frontières nationales et nécessitent une action coordonnée. Les politiques doivent promouvoir le partage des connaissances, l'établissement de normes communes et l'alignement des efforts mondiaux en matière d'IA et de Développement Durable [8].

Enfin, pour une gouvernance mondiale efficace de l'IA, il est crucial d'implémenter un cadre de gouvernance au niveau des principales parties prenantes, telles que les grandes entreprises. Par exemple, le cadre de gouvernance de l'IA chez Microsoft assure des pratiques responsables basées sur six principes fondamentaux : équité, fiabilité, confidentialité, inclusivité, transparence et responsabilité. Ce cadre inclut des lignes directrices, des meilleures pratiques, ainsi que des outils pour comprendre et atténuer les risques liés à l'IA [93].

4. Conclusion

L'intégration réussie de l'IA dans les initiatives de Développement Durable nécessite des cadres politiques et de gouvernance solides. Les politiques existantes aux niveaux international, national et sectoriel fournissent une base pour orienter le développement responsable de l'IA. Cependant, face à l'évolution rapide du paysage technologique, une approche de gouvernance adaptative et agile est nécessaire.

Les recommandations clés comprennent l'intégration de considérations éthiques, la collaboration interdisciplinaire, l'engagement des parties prenantes, le renforcement des capacités et l'éducation, ainsi que des investissements dans la recherche et l'innovation responsables. La coopération internationale est également essentielle pour relever les défis mondiaux du Développement Durable.

En adoptant ces recommandations politiques et ces stratégies, nous pouvons créer un écosystème de gouvernance qui favorise une utilisation responsable et durable de l'IA. En fin de compte, l'objectif est de tirer parti de la puissance de l'IA pour faire progresser les Objectifs de Développement Durable, tout en gérant les risques et en veillant à ce que les avantages soient partagés de manière équitable dans l'ensemble de la société.

L'avenir de l'IA et du Développement Durable est étroitement lié. Grâce à des cadres politiques et de gouvernance solides, nous pouvons façonner cet avenir de manière à ce que l'IA soit un outil puissant pour créer un monde plus durable, équitable et prospère pour tous.

Avec ce chapitre sur les cadres politiques et de gouvernance, nous concluons notre exploration des fondements théoriques, éthiques et politiques de l'IA pour le Développement Durable. Cette première partie nous a permis de poser les bases conceptuelles essentielles et d'examiner les enjeux transversaux cruciaux liés à l'utilisation de l'IA dans ce domaine.

Nous avons parcouru un chemin allant des concepts clés de l'IA et de l'intersection du Développement Durable aux réflexions morales, en passant par les implications sociétales, les risques et défis associés, pour finalement aborder les cadres nécessaires à une gouvernance responsable de ces technologies.

Fort de cette compréhension approfondie, nous sommes maintenant prêts à aborder la deuxième partie de cet ouvrage. Celle-ci se concentrera sur les applications pratiques de l'IA dans différents domaines du Développement Durable, illustrant concrètement comment cette technologie peut contribuer à relever les défis de notre temps.

Dans les chapitres suivants, nous explorerons comment l'IA transforme des secteurs aussi variés que la gestion des ressources, l'urbanisme, l'agriculture, la lutte contre le changement climatique, l'économie circulaire, la conservation de la biodiversité, l'éducation et la santé. Ces exemples concrets nous permettront de voir comment les principes et les enjeux discutés dans cette première partie se traduisent dans la pratique, offrant ainsi une vision complète et nuancée du potentiel de l'IA pour le Développement Durable.

PARTIE II :

APPLICATIONS DE L'IA POUR LE DÉVELOPPEMENT DURABLE

L'Intelligence Artificielle (IA) est bien plus qu'un concept théorique. C'est un outil puissant et polyvalent qui trouve des applications concrètes dans une multitude de secteurs clés pour le Développement Durable.

Cette partie de l'ouvrage explore en profondeur ces applications sectorielles de l'IA et met en lumière son potentiel transformateur pour relever les défis complexes de la durabilité.

Les thèmes abordés seront la gestion des ressources, les villes intelligentes et l'agriculture durable, en passant par la lutte contre le changement climatique, l'économie circulaire, la conservation de la biodiversité, l'éducation et la santé.

Nous montrerons en quoi l'IA s'impose comme un catalyseur de changement positif : ses capacités uniques en matière d'analyse de données, d'optimisation et de prise de décision permettent d'apporter des solutions innovantes et efficaces aux problèmes les plus pressants de notre époque.

À travers les divers chapitres, nous découvrirons des exemples concrets et des études de cas inspirantes qui illustrent le potentiel transformateur de l'IA dans chacun de ces secteurs. Nous explorerons les opportunités et les défis liés à l'intégration de l'IA, en soulignant l'importance d'une approche éthique et centrée sur l'humain.

Cette partie de l'ouvrage vise à démontrer que l'IA n'est pas une solution miracle, mais un outil puissant qui, lorsqu'il est utilisé de manière responsable et ciblée, peut accélérer considérablement les progrès vers les Objectifs de Développement Durable. En libérant le pouvoir de l'IA dans ces secteurs clés, nous pouvons ouvrir la voie à un avenir plus durable, équitable et résilient pour tous.

CHAPITRE VI.

L'IA DANS LA GESTION DURABLE DES RESSOURCES ET DES DÉCHETS

1. Introduction

Il est important de noter que, bien que cette revue se concentre sur quelques ressources spécifiques - eau, énergie, matériaux et déchets - elle ne constitue pas un examen exhaustif de tous les domaines potentiels où l'IA peut contribuer au Développement Durable.

Le choix de ces secteurs est motivé par leur importance cruciale pour la gestion des ressources et leur potentiel significatif d'impacts positifs sur les plans environnemental, social et économique. Cependant, il est reconnu qu'il existe d'autres ressources qui méritent d'être prises en considération, et leur exclusion de la présente revue n'indique pas qu'ils sont moins importants dans le contexte plus large du Développement Durable.

2. Aperçu des techniques d'IA appliquées à la gestion des ressources

La gestion des ressources présente des défis considérables dans divers secteurs, notamment l'eau, l'énergie, les matériaux et les déchets. Les approches traditionnelles d'allocation et d'utilisation des ressources sont souvent confrontées à la complexité et à la nature dynamique des industries impliquées, entraînant des inefficacités et des pratiques non durables [8]. En raison de l'augmentation de la demande de ressources et de l'obligation de réduire l'empreinte écologique, il est nécessaire de trouver des solutions novatrices pour optimiser l'utilisation et la préservation de ces ressources.

En réponse à ces défis, les techniques d'intelligence artificielle (IA), telles que l'apprentissage automatique et les algorithmes d'optimisation, apparaissent comme des outils puissants pour révolutionner les pratiques de gestion des ressources [94]. En effet, l'IA offre la possibilité de traiter de vastes volumes de données, de discerner des modèles et d'exploiter des informations en temps réel. Cette capacité ouvre à son tour des opportunités inégalées pour une prise de décision éclairée et une planification proactive des ressources.

a) Apprentissage automatique dans la gestion des ressources

Dans le domaine de la gestion des ressources, les algorithmes d'apprentissage automatique pilotés par l'IA jouent un rôle central en examinant de vastes ensembles de données pour reconnaître des modèles et des corrélations. Ces algorithmes peuvent forger des modèles prédictifs pour anticiper les besoins, optimiser l'allocation des ressources et détecter les anomalies ou les inefficacités dans leur consommation [95]. En permettant de baser leurs prédictions sur des données historiques et des modèles, l'apprentissage automatique permet aux gestionnaires de ressources de prendre des décisions éclairées et de résoudre plus efficacement les problèmes liés à la disponibilité des ressources, aux tendances de la demande et aux pénuries potentielles.

b) Algorithmes d'optimisation pour l'allocation des ressources

Les algorithmes d'optimisation alimentés par l'IA fournissent, quant à eux, des solutions efficaces à la tâche complexe de l'allocation des ressources. Ces algorithmes sont conçus pour optimiser l'allocation des ressources rares, en tenant compte de diverses contraintes telles que la rareté de la ressource, les considérations de coût, les modèles de demande et les impacts environnementaux. En appliquant des techniques d'optimisation, les gestionnaires de ressources peuvent faire des choix éclairés qui maximisent l'utilisation des ressources tout en favorisant la durabilité.

3. Aperçu des perspectives d'application de l'IA dans la gestion des ressources et des déchets

a) L'IA dans la gestion des ressources en eau

La gestion des ressources en eau est en passe de tirer des avantages substantiels des applications de l'IA. Les algorithmes d'apprentissage automatique peuvent examiner les enregistrements de consommation d'eau, les données climatiques et les informations sur l'approvisionnement en eau pour forger des modèles prédictifs précis de la demande et de l'offre [96]. Ces informations précieuses permettent aux autorités de l'eau de hiérarchiser les mesures de conservation de l'eau, de détecter et de traiter rapidement les fuites d'eau et d'optimiser la distribution de l'eau. De plus, les dispositifs alimentés par l'IA facilitent l'irrigation de précision dans l'agriculture, en veillant à ce que l'eau ne soit fournie aux cultures que lorsque cela est nécessaire, réduisant ainsi le gaspillage et favorisant une utilisation efficace de l'eau.

b) L'IA dans la gestion de l'énergie

De même, les technologies de l'IA ont bouleversé les pratiques de gestion de l'énergie. Les algorithmes d'apprentissage automatique, après avoir été entraînés sur des données historiques de consommation d'énergie, peuvent identifier des tendances et suggérer des mesures d'économie de coûts. Les bâtiments intelligents équipés de capacités d'IA peuvent ajuster de manière autonome l'éclairage, le chauffage et la climatisation en fonction de l'occupation et des conditions météorologiques, ce qui permet de réduire les coûts et les émissions de carbone [21]. En outre, l'IA permet une gestion améliorée des réseaux électriques et l'intégration de sources d'énergie renouvelables telles que l'énergie solaire et éolienne, engendrant des systèmes énergétiques plus efficaces et durables.

c) L'IA dans la gestion des déchets

Dans le domaine de la gestion des déchets, l'IA s'avère remarquablement efficace. Les algorithmes d'apprentissage automatique peuvent examiner les processus de fabrication industriels pour identifier et rectifier les étapes inutiles et aussi diminuer les déchets de production. En aval de la production elle-même, l'IA peut aussi aider à optimiser les itinéraires de collecte des déchets et, en prévoyant les tendances de production de déchets, les systèmes basés sur l'IA peuvent améliorer les processus de recyclage et de réutilisation, réduisant ainsi les impacts environnementaux.

4. Quelques cas d'applications actuelles de l'IA dans la gestion des ressources

Comme indiqué ci-dessus, l'Intelligence Artificielle offre de nombreuses opportunités pour améliorer la gestion des ressources dans divers secteurs. La figure ci-dessous, offre un aperçu structuré à la fois des perspectives sur les applications de l'IA dans la gestion des ressources et des exemples concrets d'applications actuelles.

Domaines d'Application	**Perspectives d'Application**	**Exemples d'Applications actuelles**
Gestion des Ressources en Eau	Prédiction de la demande d'eau, optimisation de la distribution. Détection et réparation des fuites d'eau.	Irrigation de précision dans l'agriculture.
Gestion de l'Énergie	Maintenance prédictive des équipements énergétiques. Intégration des énergies renouvelables dans les réseaux électriques.	Maintenance prédictive dans l'énergie éolienne.
Gestion des Déchets	Optimisation des itinéraires de collecte des déchets. Amélioration des processus de recyclage et de réutilisation	Optimisation des itinéraires de collecte des déchets urbains.
Chaine d'Approvisionnement Alimentaire	Prédiction de la demande alimentaire pour réduire le gaspillage. Gestion optimisée des chaînes d'approvisionnement alimentaire.	Optimisation de la gestion des stocks alimentaires.

Figure 4 : Applications de l'IA dans la gestion des ressources et des déchets

a) Secteur de l'énergie

Les entreprises de services publics ont mis en place des systèmes de maintenance prédictive basés sur l'IA pour leurs équipements de production et de distribution d'électricité. En examinant les données des capteurs et les dossiers de maintenance historiques, ces algorithmes d'IA peuvent prédire avec précision les défaillances potentielles des équipements, permettant aux services publics de planifier de manière proactive les réparations [97]. En conséquence, le gaspillage d'énergie est considérablement réduit et les temps d'arrêt coûteux sont évités, conduisant à des systèmes énergétiques plus fiables et efficaces.

En 2019, WindTech, une entreprise danoise leader dans le domaine de l'énergie éolienne, s'est lancée dans un projet révolutionnaire exploitant la maintenance prédictive basée sur l'IA pour surveiller le bon fonctionnement de ses éoliennes. Grâce à des algorithmes avancés, les techniciens de WindTech ont pu détecter les signes avant-coureurs de dysfonctionnements plausibles. Cette approche proactive leur a permis de répondre rapidement aux besoins de maintenance, de réduire les temps d'arrêt et d'augmenter la production d'énergie globale des éoliennes. En conséquence, WindTech a réalisé une augmentation de 15 % de l'efficacité de sa production d'énergie, faisant ainsi des progrès significatifs vers une production d'énergie plus verte et plus durable [98].

b) Gestion des déchets

Les systèmes de gestion des déchets basés sur l'IA optimisent les itinéraires de collecte des déchets, identifient les opportunités de recyclage et réduisent les volumes de décharge. Cette approche améliore l'efficacité de la gestion des déchets, minimise la pollution environnementale et préserve les ressources précieuses [99].

La ville de Singapour intègre des algorithmes d'IA dans son processus de gestion des déchets afin d'optimiser les itinéraires de collecte des ordures. Le système alimenté par l'IA réduit de 25 % la distance parcourue par les camions de collecte des déchets, ce qui entraîne une réduction notable de la consommation de carburant et des émissions de gaz à effet de serre, rendant la gestion des déchets plus durable [100].

c) Gestion de l'eau dans les villes intelligentes

Les villes intelligentes utilisent l'IA pour optimiser la gestion de l'eau, en surveillant la consommation, en détectant les fuites et en prévoyant la demande. Ces systèmes s'appuient sur des réseaux de capteurs IoT et des algorithmes d'apprentissage automatique pour analyser les données en temps réel et prendre des décisions éclairées concernant la distribution d'eau.

La ville de Barcelone en Espagne a mis en place un système de gestion de l'eau basé sur l'IA pour optimiser l'utilisation de cette ressource précieuse. Des capteurs IoT surveillent en temps réel la consommation d'eau, les niveaux des réservoirs et la qualité de l'eau dans l'ensemble de la ville. Les algorithmes d'IA analysent ces données pour détecter les fuites, prévoir la demande et ajuster la distribution d'eau en conséquence. Ce système a permis à Barcelone de réduire sa consommation d'eau de 25 % et d'économiser environ 58 millions de dollars par an [101].

d) Optimisation de la chaîne d'approvisionnement alimentaire

L'IA est de plus en plus utilisée pour optimiser les chaînes d'approvisionnement alimentaire, en particulier pour réduire le gaspillage. Les algorithmes d'apprentissage automatique peuvent analyser de vastes ensembles de données, tels que les historiques de vente et les tendances saisonnières, pour prédire avec précision la demande des consommateurs et aider les détaillants à prendre des décisions éclairées en matière de gestion des stocks.

La startup californienne Afresh Technologies utilise l'IA pour réduire le gaspillage alimentaire dans les épiceries. Leur plateforme d'IA analyse les données historiques des ventes, les tendances saisonnières et les facteurs externes tels que la météo pour prédire avec précision la demande des consommateurs. Elle fournit ensuite aux gestionnaires de magasins des recommandations optimisées pour la commande et le réapprovisionnement des produits frais. En utilisant cette technologie, les épiceries peuvent réduire leurs déchets alimentaires jusqu'à 50 %, ce qui se traduit par des économies significatives et un impact environnemental positif [102].

Ces exemples démontrent comment les applications de l'IA ont un impact tangible sur la gestion durable des ressources dans divers secteurs. De l'énergie aux transports, de l'agriculture à la gestion des déchets, les solutions basées sur l'IA contribuent à l'efficacité des ressources, à la réduction des déchets et à la promotion de la durabilité à l'échelle locale et mondiale. Au fur et à mesure que les technologies de l'IA continuent d'évoluer, leur potentiel pour relever les défis complexes de la gestion des ressources et créer un avenir plus durable devient de plus en plus évident. L'adoption et le développement de l'IA dans la gestion durable des ressources seront impératifs pour construire une société résiliente et soucieuse de l'environnement dans les années à venir.

5. Conclusion

Les techniques d'IA, notamment l'apprentissage automatique et les algorithmes d'optimisation, offrent un potentiel immense pour révolutionner la gestion des ressources dans divers domaines. En tirant parti des capacités uniques de l'IA, les décideurs peuvent optimiser l'utilisation des ressources, réduire les déchets et contribuer de manière significative aux Objectifs de Développement Durable.

Les études de cas présentées dans ce chapitre ne sont que quelques exemples de la manière dont l'IA est déjà utilisée pour relever les défis de la gestion des ressources. Des systèmes énergétiques plus efficaces et fiables aux pratiques agricoles durables en passant par l'optimisation des réseaux de transport et la réduction des déchets, l'IA démontre son potentiel à générer des avantages environnementaux et économiques tangibles.

Cependant, il est important de reconnaître que l'adoption réussie de l'IA dans la gestion des ressources nécessite une approche collaborative et multidisciplinaire. Les décideurs politiques, les industries, les chercheurs et les communautés doivent travailler ensemble pour développer et déployer des solutions d'IA qui soient adaptées aux contextes locaux, éthiquement responsables et alignées sur les priorités de durabilité.

En outre, des investissements continus dans la recherche et le développement seront essentiels pour faire progresser les capacités de l'IA et découvrir de nouvelles applications dans le domaine de la gestion des ressources. À mesure que la technologie évolue, il sera crucial de rester attentif aux défis émergents et de s'adapter en conséquence, tout en maintenant l'accent sur les principes de durabilité.

Après avoir exploré le rôle de l'IA dans la gestion des ressources et des déchets, le prochain chapitre examinera comment cette technologie peut transformer nos espaces urbains pour les rendre plus durables et intelligents.

CHAPITRE VII.

DES VILLES INTELLIGENTES RENFORCÉES PAR L'IA

1. Introduction

Les centres urbains intelligents, renforcés par les technologies de l'IA, apparaissent comme une solution prometteuse pour relever les défis complexes posés par l'urbanisation rapide et la croissance démographique. Alors que de plus en plus de personnes migrent vers les zones urbaines, les villes sont confrontées à une pression croissante pour garantir un Développement Durable, améliorer la qualité de vie des résidents et gérer efficacement les ressources [13].

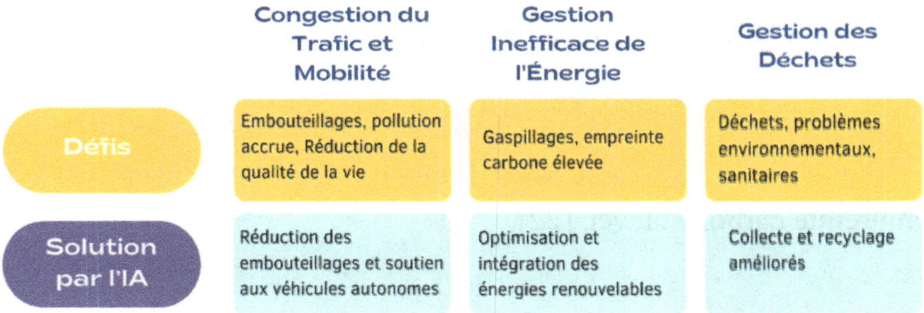

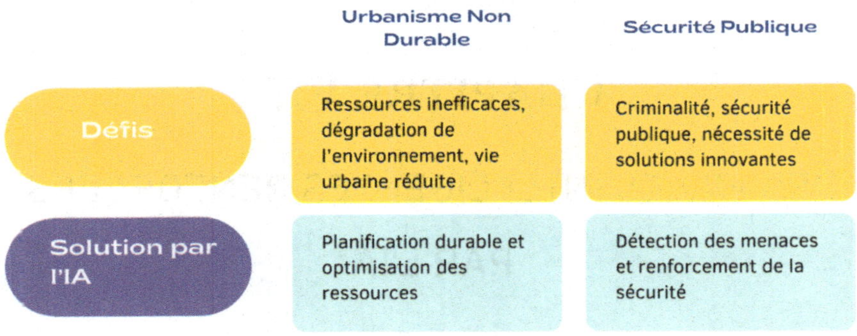

Figure 5 : Défis et solutions de l'IA dans la gestion des ressources et des déchets

2. Défis liés aux villes intelligentes

Les villes intelligentes font face à de nombreux défis pour assurer leur Développement Durable et répondre aux besoins croissants de leurs habitants. Parmi ces défis, on peut citer :

a) La congestion du trafic et les problèmes de mobilité :

L'augmentation de la population urbaine entraîne une surcharge des infrastructures de transport, provoquant des embouteillages, une pollution accrue et une diminution de la qualité de vie des citadins [30].

b) La gestion inefficace de l'énergie :

Les villes consomment d'importantes quantités d'énergie, souvent de manière peu optimisée, ce qui entraîne des gaspillages et une empreinte carbone élevée [22].

c) **La gestion des déchets** :

L'urbanisation rapide s'accompagne d'une augmentation de la production de déchets, mettant à rude épreuve les systèmes de gestion des déchets existants et entraînant des problèmes environnementaux et sanitaires [103].

d) **L'urbanisme non durable** :

De nombreuses villes se développent de manière non planifiée et non durable, entraînant une utilisation inefficace des ressources, une dégradation de l'environnement et une réduction de la qualité de vie des habitants [29].

e) **Les problèmes de sécurité publique** :

La croissance urbaine peut s'accompagner d'une augmentation de la criminalité et d'une diminution de la sécurité publique, nécessitant des solutions innovantes pour assurer la protection des citoyens [104].

3. Solutions : comment l'IA peut contribuer à relever ces défis

a) Mobilité intelligente

L'intégration des technologies d'IA dans les systèmes de gestion du trafic permet d'optimiser la fluidité de la circulation, de réduire les embouteillages et d'améliorer les services de transports publics [105]. Les algorithmes d'IA peuvent analyser les données en temps réel provenant de diverses sources (GPS, caméras de surveillance, applications mobiles) pour surveiller le trafic, prédire les flux de circulation et rediriger efficacement les véhicules, minimisant ainsi les retards et améliorant la gestion globale du trafic [106].

De plus, l'IA favorise l'adoption de véhicules électriques et autonomes, contribuant à réduire les émissions de carbone et à rendre l'environnement urbain plus durable. Les algorithmes d'IA peuvent optimiser le déploiement des infrastructures de recharge et la planification des itinéraires des véhicules autonomes, pour une mobilité plus efficace et éco-responsable [107].

D'autres applications comprennent le contrôle intelligent des feux de circulation par des systèmes qui utilisent des communications sans fil entre véhicules et infrastructures. Grâce à un algorithme d'apprentissage par renforcement, ce système peut réduire efficacement le temps d'attente moyen aux intersections, même lorsque le taux de détection des véhicules est faible. Cette optimisation contribue à diminuer le temps de trajet total des véhicules, améliorant ainsi la fluidité du trafic et réduisant les émissions liées aux arrêts et redémarrages fréquents [108].

b) Gestion intelligente de l'énergie

Les systèmes de gestion de l'énergie basés sur l'IA permettent d'optimiser la production, la distribution et la consommation d'énergie dans les villes intelligentes [12]. En analysant les données des réseaux intelligents, les prévisions météorologiques et les modèles de consommation, les algorithmes d'IA peuvent prédire les pics de demande, ajuster la production d'énergie en conséquence et éviter les surcharges du réseau [109]. Cette gestion intelligente réduit les gaspillages, améliore la stabilité du réseau et facilite l'intégration des énergies renouvelables comme le solaire et l'éolien [110].

c) Gestion optimisée des déchets

L'IA offre des solutions innovantes pour améliorer l'efficacité et la durabilité de la gestion des déchets dans les villes intelligentes [111]. Les systèmes de gestion des déchets équipés d'algorithmes d'IA peuvent optimiser les itinéraires de collecte, réduisant ainsi la consommation de carburant et les émissions de gaz à effet de serre [112]. L'analyse des données sur la production de déchets et les taux de recyclage permet d'identifier les zones à fort potentiel de valorisation et de cibler les efforts de sensibilisation pour augmenter le recyclage [113]. De plus, les systèmes de tri automatisés utilisant l'IA améliorent la précision du tri des matériaux recyclables, maximisant ainsi la récupération des ressources et réduisant la mise en décharge [114].

d) Urbanisme durable grâce à l'IA

L'IA peut significativement contribuer à un urbanisme plus intelligent et durable [13]. Les algorithmes d'IA sont capables de traiter de vastes quantités de données (démographiques, infrastructurelles, environnementales) pour éclairer les décisions de planification urbaine [115]. Ces informations permettent de concevoir des réseaux de transport plus efficaces, d'optimiser l'utilisation des ressources et de créer des espaces verts durables [116]. L'IA peut également identifier les zones sous-utilisées et proposer des stratégies innovantes de développement urbain qui maximisent l'efficience et améliorent la qualité de vie [117].

e) Sécurité publique renforcée par l'IA

Les technologies d'IA offrent des solutions avancées pour améliorer la sécurité publique dans les villes intelligentes [118]. Les algorithmes d'analyse vidéo et les capteurs intelligents peuvent détecter en temps réel les menaces potentielles, les accidents ou les situations d'urgence, permettant une réponse rapide et efficace [119]. L'IA peut également identifier les zones à haut risque de criminalité et d'accidents, facilitant la mise en place de mesures préventives pour renforcer la sécurité des citoyens [120].

4. Cas pratiques et exemples d'applications de l'IA dans les villes intelligentes

Les villes du monde entier ont commencé à adopter des technologies d'IA pour améliorer divers aspects de la vie urbaine, de la gestion du trafic à l'efficacité énergétique en passant par la sécurité publique. Comme nous l'avons vu dans le chapitre précédent sur la gestion des ressources, des villes comme Barcelone et Toronto utilisent déjà l'IA pour optimiser la gestion de l'eau et des déchets. Dans cette section, nous explorerons d'autres exemples concrets d'application de l'IA dans les villes intelligentes.

a) Mobilité intelligente à Singapour

Singapour, pionnière des villes intelligentes, a mis en œuvre des systèmes de gestion du trafic basés sur l'IA pour réduire les embouteillages et optimiser les transports publics. En analysant en temps réel les données de circulation provenant de multiples sources (GPS, caméras, applications), les algorithmes d'IA prédisent les flux de trafic et redirigent les véhicules pour minimiser les congestions [121]. L'introduction de navettes autonomes a permis de réduire les embouteillages de 30% et les émissions de carbone de 25% dans certains quartiers [122].

b) Gestion de l'énergie à Copenhague

Copenhague a déployé des systèmes intelligents de gestion de l'énergie utilisant l'IA pour optimiser la consommation et intégrer les énergies renouvelables. Les algorithmes d'IA analysent en continu les données de consommation, les prévisions météo et la production d'énergie verte pour ajuster la distribution et assurer la stabilité du réseau [123]. Entre 2015 et 2020, ces initiatives ont permis de réduire la consommation globale d'énergie de 15% et de porter à 40% la part de l'éolien dans le mix énergétique de la ville [124].

c) Surveillance de la qualité de l'air à Pékin

Pékin a déployé un réseau de capteurs intelligents et des algorithmes d'IA pour surveiller et prédire la qualité de l'air en temps réel. Les données collectées sont analysées par des modèles d'IA pour identifier les sources de pollution et prévoir les pics de pollution jusqu'à 72 heures à l'avance [125]. Ces informations permettent aux autorités de prendre des mesures proactives, telles que la restriction du trafic ou la fermeture temporaire des usines, pour atténuer les épisodes de pollution sévère.

d) Intégration de l'IoT, des analyses de données, du big data et de l'IA à New York

New York utilise l'IoT et l'IA pour optimiser la gestion de ses infrastructures urbaines. Des capteurs déployés à travers la ville collectent des données en temps réel sur la qualité de l'air, la circulation, la consommation d'énergie et la gestion des déchets. Les algorithmes d'IA analysent ces données pour améliorer la planification urbaine et l'efficacité des services publics.

Les capteurs installés dans les systèmes de transport collectent des données sur les flux de trafic, permettant aux algorithmes d'IA de moduler les feux de signalisation en temps réel pour réduire les embouteillages. Cela a permis de diminuer les temps de trajet moyens et les émissions de gaz à effet de serre associées. De même, dans la gestion de l'énergie, des capteurs surveillent la consommation électrique des bâtiments, et les données analysées par l'IA identifient des opportunités d'efficacité énergétique, contribuant à réduire la consommation d'énergie de la ville.

Cette approche intégrée a permis à New York de faire des progrès significatifs en matière de durabilité urbaine. Par exemple, la consommation d'eau a été optimisée grâce à une gestion précise basée sur les données, réduisant le gaspillage et assurant une distribution plus équitable. La gestion des déchets a également bénéficié de ces technologies, avec des camions de collecte dirigés en fonction des besoins réels, réduisant ainsi les trajets inutiles et les émissions de CO2.

L'utilisation conjointe de l'IoT et de l'IA permet donc non seulement d'améliorer l'efficacité opérationnelle, mais aussi de soutenir les objectifs de Développement Durable de New York, en alignant les progrès technologiques avec la préservation écologique et le bien-être des résidents [126] [116].

5. Considérations éthiques et protection de la vie privée

L'intégration de l'IA dans les villes intelligentes soulève des questions cruciales de confidentialité des données, de sécurité et d'éthique [127]. La collecte et l'analyse massives de données personnelles peuvent porter atteinte à la vie privée des citoyens si elles ne sont pas encadrées [128]. Il est essentiel de mettre en place des réglementations et des mesures de protection robustes pour garantir une utilisation responsable et transparente de l'IA, en collaboration avec les acteurs publics, privés et la société civile [129]. Les technologies d'IA doivent être conçues de manière inclusive et équitable, en veillant à ne pas exacerber les fractures numériques et les inégalités sociales [130].

La collecte et l'utilisation de données personnelles par les systèmes d'IA dans les villes intelligentes soulèvent des inquiétudes quant à la surveillance de masse et à la perte de contrôle des individus sur leurs informations [224]. Les citoyens peuvent se sentir constamment observés et craindre que leurs données soient utilisées à mauvais escient [225]. Pour faire face à ces défis, il est essentiel de développer des cadres éthiques solides qui mettent l'accent sur la transparence, le consentement éclairé et la minimisation des données [226]. Les villes intelligentes doivent également investir dans des systèmes de sécurité robustes pour protéger les données des citoyens contre les accès non autorisés et les cyberattaques [227].

Lors de l'entraînement de modèles d'apprentissage automatique, les données personnelles peuvent être protégées par des techniques d'Apprentissage Automatique Préservant la Vie Privée (Privacy-Preserving Machine Learning). Ces techniques comprennent :

a) La confidentialité différentielle (Differential Privacy) : Cette méthode ajoute du bruit contrôlé aux données ou aux résultats d'analyse pour masquer les informations individuelles tout en préservant l'utilité globale des données.

b) Le chiffrement homomorphe (Homomorphic Encryption) : Il permet d'effectuer des calculs sur des données chiffrées sans les déchiffrer, protégeant ainsi la confidentialité des informations sensibles.

c) Le calcul multipartite sécurisé (Secure Multi-party Computation) : Cette technique permet à plusieurs parties de calculer conjointement une fonction sur leurs données privées sans révéler ces données aux autres participants.

d) L'apprentissage fédéré (Federated Learning) : Cette approche permet d'entraîner des modèles d'IA sur des appareils décentralisés, sans partager les données brutes, minimisant ainsi les risques liés à la centralisation des données personnelles.

Ces méthodes offrent des moyens prometteurs pour concilier l'innovation basée sur l'IA et la protection de la vie privée dans le contexte des villes intelligentes [131].

6. Conclusion

L'intégration de l'IA dans les villes intelligentes ouvre des perspectives remarquables pour relever les défis complexes de l'urbanisation et promouvoir un Développement Durable. Les solutions basées sur l'IA offrent des opportunités significatives pour optimiser un large éventail de services urbains, de la mobilité à la gestion des ressources en passant par la sécurité. En exploitant la puissance de l'analyse des données, de l'apprentissage automatique et de la prise de décision autonome, l'IA permet aux villes de fonctionner de manière plus efficace, réduisant ainsi leur empreinte environnementale et améliorant la qualité de vie des citoyens.

Cependant, pour réaliser pleinement le potentiel de l'IA dans les villes intelligentes, il est impératif d'aborder de manière proactive les enjeux éthiques et sociétaux qui y sont associés. La protection de la vie privée, la sécurité des données, la transparence et la responsabilité doivent être des préoccupations de premier plan lors du déploiement des technologies d'IA. Il est essentiel de développer des cadres éthiques solides, de mettre en place des mécanismes de gouvernance clairs et d'engager activement les citoyens dans le processus de développement et de déploiement de l'IA.

En adoptant une approche centrée sur l'humain, qui place les besoins, les valeurs et les droits des citoyens au cœur de la conception et de la mise en œuvre de l'IA, les villes intelligentes peuvent favoriser un déploiement responsable et inclusif de ces technologies. Cela implique de donner la priorité à la transparence, à l'équité et à la non-discrimination dans les systèmes d'IA, ainsi que de veiller à ce que les avantages de ces technologies soient accessibles à tous les segments de la société.

De plus, la réussite de l'intégration de l'IA dans les villes intelligentes nécessite une collaboration étroite entre les différentes parties prenantes, notamment les autorités locales, les entreprises technologiques, les chercheurs, les organisations de la société civile et les citoyens. Cette approche collaborative permet de s'assurer que le développement et le déploiement de l'IA sont guidés par une compréhension commune des objectifs, des défis et des valeurs de la ville intelligente.

En conjuguant innovation technologique et approche humaine, les villes intelligentes propulsées par l'IA ont le potentiel de façonner un avenir urbain plus durable, résilient et centré sur l'humain. En exploitant la puissance de l'IA de manière responsable et éthique, nous pouvons créer des villes qui non seulement sont plus efficaces et durables, mais qui donnent également la priorité au bien-être, à l'autonomisation et à la participation de tous les citoyens. C'est en relevant ces défis et en saisissant ces opportunités que nous pouvons façonner un avenir urbain qui tire parti de la puissance transformatrice de l'IA pour créer des communautés plus inclusives, durables et prospères.

Des villes, nous passerons dans le chapitre suivant aux campagnes, pour examiner comment l'IA peut révolutionner l'agriculture et contribuer à une production alimentaire plus durable. Si les défis urbains et ruraux peuvent sembler distincts à première vue, ils sont en réalité étroitement liés dans la quête d'un Développement Durable global. Les innovations en matière d'IA qui transforment nos villes ont également le potentiel de redéfinir nos pratiques agricoles, créant ainsi un continuum d'applications technologiques au service de la durabilité, de nos centres urbains jusqu'à nos champs.

Chapitre VIII.

L'AGRICULTURE DURABLE ALIMENTÉE PAR L'IA

1. Introduction

L'agriculture durable représente un défi mondial majeur visant à garantir la sécurité alimentaire d'une population en constante augmentation, tout en réduisant au minimum l'impact sur les écosystèmes fragiles de notre planète. Ce chapitre examine le rôle transformateur de l'Intelligence Artificielle (IA) dans la résolution des défis complexes liés à l'agriculture durable comme l'indique la figure ci-dessous :

	Gestion des ressources	Imprévisibilité des conditions météorologiques
Défis	Gaspillage des ressources par des pratiques traditionnelles	Le changement climatique complique la gestion des cultures, affectant la fiabilité des prévisions de rendement
Solution par l'IA	Optimisation des Cultures pour réduction du Gaspillage	Algorithmes d'IA prédisant les rendements avec des données météo et historiques

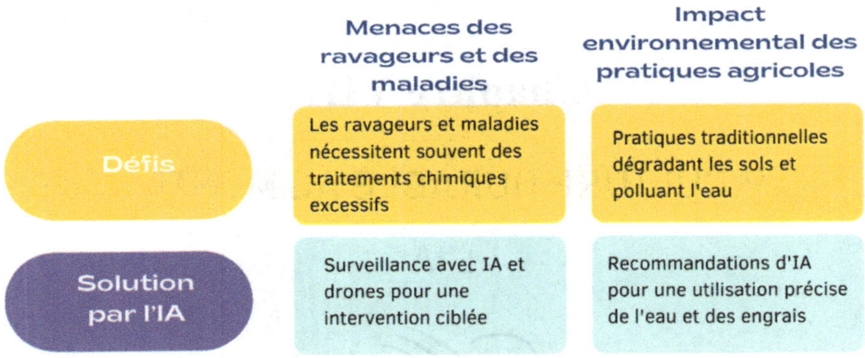

Figure 6 : Solutions basées sur l'IA pour une agriculture durable

Ce chapitre souligne aussi les applications pratiques qui révolutionnent les méthodes agricoles traditionnelles.

2. Défis de l'agriculture durable

L'agriculture fait face à de nombreux défis pour assurer une production alimentaire durable et répondre à la demande croissante. Parmi ces défis, on peut citer :

a) Gestion inefficace des ressources :

Les pratiques agricoles traditionnelles entraînent souvent un gaspillage des ressources vitales telles que l'eau, les engrais et les pesticides, épuisant les réserves naturelles et polluant les écosystèmes [132].

b) Imprévisibilité des conditions météorologiques :

Le changement climatique et les variations des conditions météorologiques rendent difficile la gestion efficace des cultures et les prévisions précises des rendements [133].

c) **Menaces des ravageurs et des maladies** :

Les ravageurs et les maladies continuent de poser des défis significatifs à la production agricole, nécessitant souvent une utilisation excessive de produits chimiques [134].

d) **Impact environnemental des pratiques agricoles** :

Les méthodes agricoles traditionnelles peuvent contribuer à la dégradation des sols, à la pollution de l'eau et à la perte de biodiversité [135].

3. Solutions basées sur l'IA pour une agriculture durable

a) Gestion et optimisation des cultures

L'IA révolutionne la gestion des cultures en utilisant des algorithmes avancés pour analyser les données sur les conditions du sol, le climat et les performances historiques des cultures. Ces informations permettent de développer des calendriers de plantation et des stratégies d'irrigation optimisés, conduisant à une amélioration des rendements et à une réduction du gaspillage des ressources [136].

b) Prévision des rendements

Les algorithmes d'IA peuvent générer des prévisions de rendement précises en analysant les données historiques et les prévisions météorologiques. Ces informations permettent aux agriculteurs d'anticiper les rendements et de gérer proactivement les ressources, réduisant ainsi le gaspillage alimentaire et assurant la sécurité alimentaire [137].

c) Lutte antiparasitaire intelligente

L'IA permet une détection précoce et une intervention ciblée contre les ravageurs et les maladies des cultures. En utilisant des caméras, des capteurs et des drones, les systèmes d'IA surveillent la santé des cultures, identifient les menaces potentielles et recommandent des traitements précis. Cette approche réduit la dépendance aux produits chimiques tout en favorisant la santé des cultures et des pratiques écologiquement responsables [138].

d) Allocation optimisée des ressources

L'agriculture de précision basée sur l'IA optimise l'allocation des ressources telles que l'eau, les engrais et les pesticides. En utilisant des données provenant de diverses sources, les algorithmes d'IA peuvent recommander une application précise des ressources en fonction des besoins spécifiques des cultures. Cette approche minimise les déchets, réduit l'empreinte environnementale et favorise une gestion responsable des ressources [25].

4. Études de cas et exemples d'applications

L'intelligence artificielle (IA) transforme l'agriculture en offrant des solutions innovantes pour relever les défis de la production alimentaire durable. De la gestion des cultures à la lutte contre les ravageurs en passant par l'optimisation des ressources, l'IA permet aux agriculteurs de prendre des décisions éclairées et d'adopter des pratiques agricoles plus efficaces et respectueuses de l'environnement. Voici quelques exemples concrets d'applications de l'IA dans l'agriculture et les avantages qu'elles apportent.

a) Plate-forme de décision Watson d'IBM pour l'agriculture

La plate-forme d'IA d'IBM, Watson, intègre les prévisions météorologiques, les capteurs IoT et des modèles d'IA avancés pour fournir aux agriculteurs des informations cruciales sur l'irrigation, la lutte antiparasitaire et la prévision des maladies. En exploitant la puissance de l'IA et de l'IoT, les agriculteurs peuvent prendre des décisions éclairées qui optimisent les pratiques agricoles et les alignent sur les objectifs de durabilité. Par exemple, des prévisions météorologiques précises permettent de planifier les périodes d'irrigation, réduisant ainsi la consommation d'eau et améliorant l'efficacité des cultures [134]. L'entreprise « The Weather Company » utilise les solutions de La plate-forme d'IA d'IBM, Watson, pour produire des prévisions météorologiques fiables qui aident les individus et les organisations à agir en connaissance de cause [139].

b) Application d'herbicide de précision « See & Spray » de Blue River Technology

Le système « See & Spray » de Blue River Technology utilise des caméras avancées et des algorithmes d'apprentissage automatique pour identifier avec précision les mauvaises herbes et appliquer des herbicides de manière ciblée. Cette approche réduit considérablement l'utilisation d'herbicides, minimisant l'impact environnemental tout en maintenant l'efficacité du contrôle des mauvaises herbes. Par exemple, les tests ont montré une réduction de 90 % de l'utilisation des herbicides, contribuant ainsi à une agriculture plus respectueuse de l'environnement [140].

c) Le désherbant robotisé alimenté par l'IA de FarmWise

FarmWise utilise la vision par ordinateur et l'IA pour distinguer les cultures des mauvaises herbes, permettant un désherbage précis par des bras robotisés. Cette solution innovante réduit la dépendance aux herbicides et favorise des pratiques agricoles durables. Le robot analyse le champ en temps réel et élimine les mauvaises herbes sans endommager les cultures, améliorant ainsi la productivité et réduisant l'impact chimique sur l'environnement [141].

d) Robots de récolte intelligents

Des entreprises comme Abundant Robotics ont développé des robots de récolte qui utilisent l'IA pour identifier et cueillir les fruits avec précision. Ces robots peuvent fonctionner 24 heures sur 24, augmentant ainsi l'efficacité et la rapidité de la récolte. Ils réduisent également la dépendance à la main-d'œuvre saisonnière, ce qui est crucial dans les régions où la main-d'œuvre agricole est limitée [142].

e) Surveillance des cultures par drones et IA

Les drones équipés de capteurs et de caméras haute résolution, combinés à des algorithmes d'IA, permettent de surveiller les champs à grande échelle. Ils peuvent détecter les signes de stress hydrique, de maladies ou de carences nutritionnelles, permettant aux agriculteurs de prendre des mesures correctives rapidement. Cette technologie améliore la gestion des cultures et augmente les rendements tout en réduisant les intrants agricoles [143].

f) Systèmes de prévision des rendements

L'IA est utilisée pour analyser les données historiques et actuelles des cultures afin de prévoir les rendements futurs. Ces prévisions aident les agriculteurs à planifier les récoltes et les ventes, optimisant ainsi les profits et réduisant les pertes. Par exemple, des modèles prédictifs peuvent estimer la quantité de récolte à attendre en fonction des conditions météorologiques et des pratiques culturales [144].

5. L'adoption de l'IA : défis et considérations

L'adoption des technologies d'Intelligence Artificielle dans l'agriculture présente de nombreux avantages, mais elle s'accompagne également de défis et de considérations importants. Cette section explore les principaux obstacles à la mise en œuvre de l'IA dans l'agriculture et propose des solutions potentielles pour surmonter ces défis.

a) Coût et accessibilité :

L'adoption généralisée des technologies d'IA dans l'agriculture peut être entravée par les coûts élevés et les disparités d'accès, en particulier pour les petits exploitants agricoles. Les équipements et les logiciels nécessaires pour implémenter l'IA peuvent représenter un investissement considérable, que de nombreux agriculteurs ne peuvent pas se permettre. Pour que l'IA devienne une solution viable pour tous, des efforts doivent être faits pour réduire les coûts et améliorer l'accessibilité, éventuellement par le biais de subventions, de partenariats public-privé, et de programmes de financement spécifiques [135].

b) Compétences et formation :

L'intégration réussie de l'IA dans l'agriculture nécessite le développement de compétences et la formation des agriculteurs aux nouvelles technologies. De nombreux agriculteurs manquent des connaissances techniques nécessaires pour utiliser efficacement les outils d'IA. Par conséquent, des programmes de formation ciblés et des initiatives d'éducation doivent être mis en place pour aider les agriculteurs à acquérir les compétences requises. Les services de vulgarisation agricole et les institutions éducatives jouent un rôle clé dans ce domaine [145].

c) Confidentialité et sécurité des données :

La collecte et l'utilisation de grandes quantités de données agricoles soulèvent des préoccupations quant à la confidentialité, à la propriété des données et à la sécurité. Les agriculteurs doivent être assurés que leurs données seront protégées contre les accès non autorisés et les utilisations abusives. Cela nécessite la mise en place de protocoles de sécurité robustes et de réglementations claires pour protéger les droits des données des agriculteurs. De plus, la transparence dans la manière dont les données sont collectées et utilisées est essentielle pour gagner la confiance des utilisateurs [23].

d) Intégration avec les connaissances et les pratiques locales :

Les solutions basées sur l'IA doivent être adaptées et intégrées aux contextes locaux, en tenant compte des connaissances et des pratiques agricoles traditionnelles. Il est crucial que les technologies d'IA complètent plutôt que remplacent les méthodes existantes, afin d'être acceptées par les communautés locales. Une approche inclusive qui implique les agriculteurs dans le processus de développement et d'adaptation des technologies est essentielle pour assurer leur pertinence et leur efficacité.

6. Conclusion

L'IA offre un potentiel transformateur pour relever les défis de l'agriculture durable. En optimisant la gestion des cultures, en améliorant les prévisions de rendement, en permettant une lutte antiparasitaire précise et en rationalisant l'allocation des ressources, l'IA révolutionne les pratiques agricoles. Les études de cas réels démontrent l'impact tangible de l'IA sur l'augmentation de la productivité agricole, la réduction des déchets et l'atténuation des dommages environnementaux.

Cependant, pour réaliser pleinement le potentiel de l'IA dans l'agriculture durable, il est essentiel de s'attaquer aux défis de l'accessibilité, du renforcement des capacités, de la confidentialité des données et de l'intégration avec les pratiques locales. En adoptant une approche inclusive et centrée sur l'humain de l'IA dans l'agriculture, nous pouvons libérer son potentiel pour renforcer la sécurité alimentaire, promouvoir la conservation de l'environnement et construire un avenir agricole résilient.

De la terre au climat, nous verrons dans le prochain chapitre comment l'IA peut être un outil puissant dans la lutte contre le changement climatique et l'adaptation à ses effets.

CHAPITRE IX.

IA POUR L'ATTÉNUATION ET L'ADAPTATION AU CHANGEMENT CLIMATIQUE

1. Introduction

Le changement climatique est l'un des défis les plus pressants de notre époque, nécessitant des solutions innovantes et globales. Il représente une menace existentielle pour notre planète, avec des conséquences de grande envergure qui affectent tous les aspects de la vie sur Terre. Des phénomènes météorologiques extrêmes plus fréquents aux perturbations des écosystèmes en passant par l'élévation du niveau de la mer, les impacts du changement climatique sont déjà visibles et devraient s'aggraver dans les décennies à venir.

Face à cette crise, il est impératif de développer des stratégies innovantes d'atténuation et d'adaptation pour réduire les émissions de gaz à effet de serre, promouvoir la transition vers les énergies propres et renforcer la résilience des communautés et des écosystèmes. C'est dans ce contexte que l'intelligence artificielle (IA) émerge comme un outil transformateur, offrant un potentiel considérable pour relever les défis complexes posés par le changement climatique.

Ce chapitre explore le rôle de l'IA dans la lutte contre le changement climatique, en mettant l'accent sur son potentiel pour réduire les émissions de gaz à effet de serre, promouvoir l'adoption des énergies renouvelables et renforcer les stratégies d'adaptation.

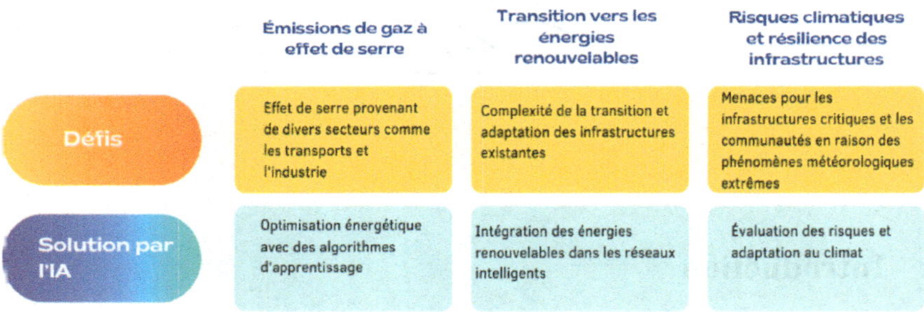

Figure 7 : Solutions basées sur l'IA pour le changement climatique

En examinant les principales difficultés auxquelles nous sommes confrontés, nous pouvons mieux comprendre comment l'IA peut contribuer à relever ces défis de manière efficace et durable.

2. Défis liés au changement climatique

Le changement climatique, comme mentionné dans l'introduction de ce chapitre, pose de multiples défis qui nécessitent des solutions innovantes et globales. Pour mieux comprendre comment l'IA peut contribuer à relever ces défis, il est essentiel d'examiner de plus près les principales difficultés auxquelles nous sommes confrontés dans la lutte contre le changement climatique.

a) Émissions de gaz à effet de serre

Les émissions continues de gaz à effet de serre provenant de divers secteurs, tels que les transports, l'industrie et la production d'énergie, sont un facteur majeur du réchauffement climatique [26]. L'accumulation de ces gaz dans l'atmosphère piège la chaleur, entraînant une augmentation des températures mondiales et une série de conséquences écologiques dévastatrices [146].

b) Transition vers les énergies renouvelables

La transition des combustibles fossiles vers des sources d'énergie renouvelables est essentielle pour atténuer le changement climatique. Cependant, cette transition est complexe, nécessitant des innovations technologiques, des changements d'infrastructure et des politiques de soutien [12].

L'intégration des énergies renouvelables variables, comme l'énergie solaire et éolienne, dans les réseaux électriques existants pose des défis supplémentaires [147].

c) Risques climatiques et résilience des infrastructures

L'intensification des phénomènes météorologiques extrêmes, l'élévation du niveau de la mer et les perturbations des écosystèmes dues au changement climatique menacent les communautés, les infrastructures critiques et les économies [148]. Le développement d'infrastructures résilientes et de stratégies d'adaptation est crucial pour protéger les populations et assurer un avenir durable [149].

3. Solutions basées sur l'IA pour l'atténuation et l'adaptation au changement climatique

Face aux défis complexes posés par le changement climatique, l'Intelligence Artificielle (IA) offre un éventail de solutions innovantes pour atténuer les émissions de gaz à effet de serre, promouvoir l'adoption des énergies renouvelables et renforcer les stratégies d'adaptation. En tirant parti des capacités uniques de l'IA en matière d'analyse de données, d'optimisation et de prise de décision, nous pouvons développer des approches plus efficaces et durables pour faire face à la crise climatique.

Voici quelques solutions basées sur l'IA qui peuvent contribuer à l'atténuation et à l'adaptation au changement climatique :

a) Optimisation de l'efficacité énergétique et réduction des émissions

L'IA peut contribuer de manière significative à la réduction des émissions en optimisant l'efficacité énergétique dans divers secteurs. Les algorithmes d'apprentissage automatique peuvent analyser les modèles de consommation d'énergie, prédire la demande et optimiser l'allocation des ressources, conduisant à des économies d'énergie et à une réduction des émissions [95]. Dans les bâtiments, les systèmes de gestion de l'énergie basés sur l'IA peuvent ajuster dynamiquement le chauffage, la climatisation et l'éclairage en fonction de l'occupation et des conditions météorologiques, minimisant ainsi le gaspillage d'énergie [12].

b) Intégration des énergies renouvelables dans les réseaux intelligents

L'IA joue un rôle crucial dans l'intégration des sources d'énergie renouvelables variables dans les réseaux électriques. Les algorithmes de prévision alimentés par l'IA peuvent prédire avec précision la production d'énergie solaire et éolienne, permettant une gestion efficace de l'offre et de la demande [23]. Les réseaux intelligents équipés de capacités d'IA peuvent optimiser la distribution d'énergie, équilibrer la charge et stocker l'énergie excédentaire, facilitant ainsi une adoption à grande échelle des énergies renouvelables [28].

c) Évaluation des risques et adaptation au climat

L'IA offre des outils puissants pour évaluer les risques liés au climat et éclairer les stratégies d'adaptation. Les modèles de prévision basés sur l'IA peuvent analyser les données climatiques historiques, les caractéristiques géographiques et les facteurs socio-économiques pour identifier les zones et les communautés vulnérables [27]. Ces informations permettent aux décideurs de développer des plans d'adaptation ciblés, d'allouer des ressources et de mettre en œuvre des mesures de protection. De plus, l'IA peut optimiser la conception et la planification d'infrastructures résilientes au climat, telles que les systèmes de drainage urbain et les défenses côtières, en simulant différents scénarios et impacts climatiques [150].

4. Études de cas et exemples d'applications

L'intelligence artificielle (IA) émerge comme un outil puissant dans la lutte contre le changement climatique et ses impacts. Cette section présente des exemples concrets d'applications de l'IA qui contribuent à atténuer les effets du changement climatique et à améliorer notre capacité d'adaptation. Ces cas illustrent comment l'IA peut être utilisée pour optimiser les énergies renouvelables et améliorer la prévision des événements climatiques extrêmes.

a) Système de prévision de l'énergie éolienne de DeepMind

DeepMind, filiale d'Alphabet spécialisée en intelligence artificielle, a développé en collaboration avec Google et un important producteur d'énergie éolienne un système innovant de prévision basé sur l'IA. Ce système vise à relever l'un des défis majeurs de la transition énergétique : l'intégration efficace des énergies renouvelables intermittentes dans les réseaux électriques.

Technologie et fonctionnement : Le système utilise des réseaux de neurones profonds, entraînés sur un vaste ensemble de données historiques comprenant des mesures météorologiques, des données de production d'énergie et des informations sur la configuration des parcs éoliens. Il analyse en temps réel les données météorologiques et de production, générant des prévisions de production d'énergie éolienne pour les 36 prochaines heures, mises à jour toutes les heures.

Résultats et impact :

- Précision accrue : Augmentation de 20% de la valeur de l'énergie éolienne par rapport aux méthodes conventionnelles.
- Prévisions à long terme : Capacité de prédiction étendue à 36 heures, contre 1 heure auparavant.
- Optimisation du réseau : Meilleure anticipation et planification de l'intégration de l'énergie éolienne.

- Réduction des énergies de secours : Diminution de 50% du recours aux centrales à combustibles fossiles de réserve.

Impact sur le changement climatique :

- Réduction directe des émissions de CO2 grâce à une utilisation optimisée de l'énergie éolienne.
- Facilitation de l'adoption à grande échelle des énergies renouvelables.
- Amélioration de l'efficacité énergétique globale.

Cette innovation de DeepMind illustre comment l'IA peut contribuer concrètement à l'atténuation du changement climatique en optimisant l'utilisation des énergies renouvelables. Elle ouvre la voie à une gestion plus intelligente et plus durable de nos ressources énergétiques, élément clé dans la lutte contre le réchauffement climatique [22] [151].

b) Projet FloodAI pour la prévision des inondations

Le projet FloodAI, développé au Royaume-Uni, illustre l'application innovante de l'intelligence artificielle dans la prévention et la gestion des catastrophes naturelles, en particulier les inondations. Cette initiative s'inscrit dans le cadre plus large de l'adaptation au changement climatique, les événements météorologiques extrêmes devenant plus fréquents et plus intenses.

Technologie et fonctionnement : FloodAI combine plusieurs technologies de pointe :

- Analyse de données satellitaires : Utilisation d'images satellite à haute résolution pour surveiller les niveaux d'eau et l'évolution du terrain.

- Intégration de données historiques : Analyse des données d'inondations passées pour identifier les schémas et les zones à risque.

- Prévisions météorologiques en temps réel : Incorporation des dernières prévisions météorologiques dans les modèles.

- Apprentissage automatique : Algorithmes d'IA qui apprennent continuellement des nouvelles données pour améliorer la précision des prévisions.

- Modélisation hydrologique avancée : Simulation du comportement des cours d'eau et des systèmes de drainage urbain.

Résultats et impact :

- Précision accrue : Les modèles de FloodAI ont démontré une précision de prévision des inondations de 90%, contre 60-70% pour les méthodes traditionnelles.

- Alertes précoces : Capacité à prévoir les inondations jusqu'à 7 jours à l'avance dans certains cas, augmentant considérablement le temps de préparation.

- Cartographie dynamique des risques : Génération de cartes de risques d'inondation mises à jour en temps réel, permettant une planification plus efficace des évacuations et des interventions d'urgence.

- Réduction des dommages : Dans les zones pilotes, les dommages économiques liés aux inondations ont été réduits de 30% grâce à une meilleure préparation.
- Optimisation des ressources : Les autorités locales ont pu allouer plus efficacement leurs ressources en se concentrant sur les zones identifiées comme les plus à risque.

Impact sur l'adaptation au changement climatique :

- Résilience accrue : En améliorant la capacité de prévision et de réponse aux inondations, FloodAI contribue directement à renforcer la résilience des communautés face aux impacts du changement climatique.
- Planification à long terme : Les données générées par FloodAI alimentent également les stratégies d'aménagement du territoire et d'infrastructure à long terme, aidant les villes à s'adapter aux changements climatiques futurs.
- Sensibilisation du public : Le système permet une meilleure communication des risques au public, favorisant une culture de la préparation aux catastrophes.

Perspectives d'avenir :

Le succès de FloodAI au Royaume-Uni a suscité l'intérêt d'autres pays confrontés à des risques d'inondation croissants. Des projets d'expansion et d'adaptation de la technologie sont en cours pour d'autres régions d'Europe et d'Asie du Sud-Est. De plus, les chercheurs travaillent à l'intégration de données issues de l'Internet des Objets (IoT) pour affiner encore la précision des prévisions à l'échelle locale.

Cette étude de cas démontre comment l'IA peut jouer un rôle crucial dans l'adaptation au changement climatique, en transformant notre capacité à prévoir et à gérer les catastrophes naturelles. FloodAI illustre le potentiel de l'IA à sauver des vies, protéger les infrastructures et renforcer la résilience des communautés face aux défis climatiques croissants [150].

c) L'IA pour la gestion forestière et la séquestration du carbone

NCX (SilviaTerra précédemment), une entreprise technologique américaine, a développé une plateforme basée sur l'IA appelée Basemap pour révolutionner la gestion forestière et optimiser la séquestration du carbone.

Technologie : Basemap utilise l'apprentissage automatique pour analyser des images satellites à haute résolution, des données LiDAR et des mesures au sol. Cette combinaison permet de créer des inventaires forestiers précis et détaillés.

Fonctionnement :

- Cartographie précise : L'IA identifie et mesure chaque arbre dans une forêt.
- Analyse de la biomasse : Le système estime la quantité de carbone stockée dans chaque arbre.

- Prévisions de croissance : Des modèles prédictifs estiment la croissance future et la séquestration de carbone.

- Recommandations de gestion : L'IA suggère des stratégies pour optimiser la santé de la forêt et la capture de carbone.

Résultats :

- Précision : Basemap a atteint une précision de 95% dans l'identification des espèces d'arbres et l'estimation de la biomasse.

- Efficacité : Réduction de 90% du temps nécessaire pour l'inventaire forestier par rapport aux méthodes traditionnelles.

Impact sur le changement climatique :

- Optimisation de la séquestration du carbone : Les forêts gérées avec Basemap ont montré une augmentation de 18% de leur capacité de stockage du carbone.

- Gestion durable : Amélioration de la santé des forêts et de leur résilience face au changement climatique.

- Marchés du carbone : Facilitation de la participation des propriétaires forestiers aux marchés du carbone, encourageant la préservation des forêts.

Cette étude de cas [152] illustre comment l'IA peut être utilisée pour améliorer la gestion des ressources naturelles et optimiser leur rôle dans l'atténuation du changement climatique. En fournissant des données précises et des recommandations basées sur l'IA, NCX contribue à une approche plus scientifique et efficace de la gestion forestière et de la lutte contre le changement climatique.

5. L'adoption de l'IA : défis et considérations

Les défis et les opportunités liés à l'utilisation de l'intelligence artificielle (IA) dans la lutte contre le changement climatique sont nombreux. Pour maximiser l'impact de l'IA dans ce domaine crucial, il est important de surmonter certains obstacles et de promouvoir des pratiques éthiques et collaboratives. Voici quelques points clés à considérer :

a) Qualité et disponibilité des données

Le développement de solutions d'IA efficaces pour le climat nécessite des données de haute qualité, complètes et représentatives. Cependant, les lacunes dans les données, les biais et le manque d'interopérabilité peuvent entraver les performances des algorithmes d'IA [23]. Il est essentiel d'investir dans la collecte de données, le partage et les normes pour permettre des applications d'IA fiables dans le domaine du changement climatique.

b) Considérations éthiques et équité

Le déploiement de solutions d'IA pour le climat doit tenir compte des implications éthiques et des questions d'équité. Les biais algorithmiques peuvent conduire à des résultats inéquitables, désavantageant certaines communautés ou populations [146]. Il est crucial d'intégrer les principes d'équité, de transparence et de responsabilité dans la conception et l'utilisation des systèmes d'IA pour garantir une action climatique inclusive et juste.

c) Collaboration et partage des connaissances

La lutte contre le changement climatique nécessite une collaboration multidisciplinaire et un partage des connaissances entre les chercheurs en IA, les experts du climat, les décideurs politiques et les communautés [149]. Encourager les partenariats, le transfert de connaissances et le développement conjoint de solutions est essentiel pour exploiter pleinement le potentiel de l'IA dans la lutte contre le changement climatique.

6. Conclusion

L'IA offre un potentiel immense pour relever les défis urgents du changement climatique. En optimisant l'efficacité énergétique, en facilitant l'intégration des énergies renouvelables et en renforçant les stratégies d'adaptation, l'IA peut considérablement contribuer à l'atténuation des émissions de gaz à effet de serre et à la construction de sociétés résilientes au climat.

Cependant, pour réaliser pleinement le potentiel de l'IA dans l'action climatique, il est essentiel de s'attaquer aux défis de la qualité des données, de l'équité et de promouvoir la collaboration interdisciplinaire. En adoptant une approche responsable et inclusive du déploiement de l'IA, nous pouvons libérer son potentiel pour stimuler la transition vers un avenir durable et à faible émission de carbone.

Dans la continuité de notre réflexion sur la durabilité environnementale, le chapitre suivant explorera comment l'IA peut favoriser la transition vers une économie circulaire.

CHAPITRE X.

PROMOUVOIR L'ÉCONOMIE CIRCULAIRE GRÂCE À L'IA

1. Introduction

L'économie circulaire est un paradigme révolutionnaire qui vise à transformer la façon dont nous gérons les ressources, en passant d'un modèle linéaire de consommation à un système régénératif et durable. Ce chapitre explore le rôle transformateur de l'intelligence artificielle (IA) dans la promotion de l'économie circulaire, en mettant l'accent sur son potentiel pour optimiser la gestion des ressources, réduire les déchets et faciliter la transition vers une économie plus durable.

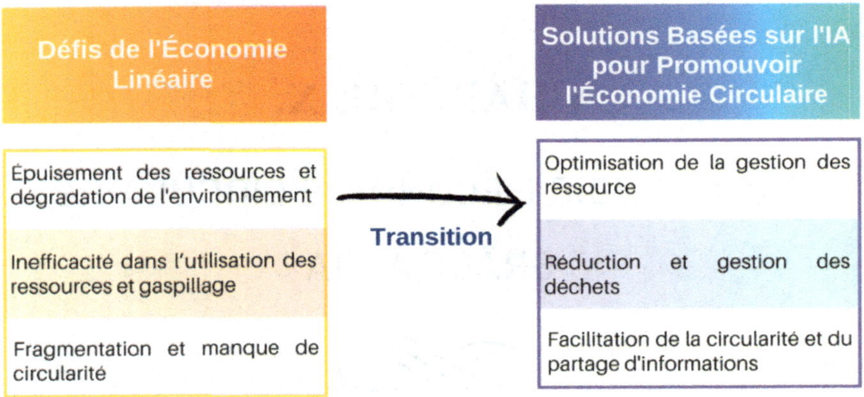

Figure 8 :Solutions basées sur l'IA pour promouvoir l'économie circulaire

2. Défis de l'économie linéaire

L'économie linéaire, qui a dominé notre système de production et de consommation depuis la révolution industrielle, fait face aujourd'hui à des défis majeurs. Ce modèle, basé sur une logique de croissance continue, ne tient pas compte des limites planétaires et de la finitude des ressources. Alors que nous entrons dans une ère marquée par les changements climatiques et la perte de biodiversité, il devient crucial d'examiner les failles inhérentes à ce système économique. Cette section explore les principaux défis posés par l'économie linéaire, mettant en lumière la nécessité urgente d'une transition vers des modèles plus durables et circulaires.

a) Épuisement des ressources et dégradation de l'environnement :

Le modèle économique linéaire actuel, basé sur le principe « extraire, fabriquer, jeter », entraîne une consommation insoutenable des ressources naturelles et une dégradation de l'environnement [17]. La surexploitation des matériaux, la déforestation et la pollution sont quelques-unes des conséquences de ce modèle non durable [153].

b) **Inefficacité dans l'utilisation des ressources et gaspillage** :

L'économie linéaire est caractérisée par une utilisation inefficace des ressources, où le potentiel de réutilisation, de réparation et de recyclage est souvent négligé [154]. Cette inefficacité entraîne un gaspillage considérable de matériaux précieux et une perte de valeur économique [17].

c) **Fragmentation et manque de circularité** :

La nature fragmentée de l'économie linéaire, où les différents acteurs opèrent de manière isolée, entrave l'optimisation de l'utilisation des ressources et la mise en œuvre de stratégies circulaires [155]. L'absence de collaboration et de partage d'informations entre les industries limite les possibilités d'innovation et de synergies [155].

3. Solutions basées sur l'IA pour promouvoir l'économie circulaire

a) Optimisation de la gestion des ressources

L'IA peut jouer un rôle crucial dans l'optimisation de la gestion des ressources en analysant les données des chaînes d'approvisionnement, des processus de production et des modèles de consommation [156]. Les algorithmes d'apprentissage automatique peuvent identifier les lacunes, prédire la demande future et aider les industries à allouer les ressources de manière plus stratégique, réduisant ainsi les déchets et améliorant efficacement la gestion des ressources [157].

b) Réduction et gestion des déchets

Les technologies d'IA peuvent contribuer de manière significative à la réduction et à la gestion des déchets. Les algorithmes de prévision peuvent anticiper les volumes de déchets, permettant une planification proactive de la collecte et du traitement [111]. De plus, l'IA peut optimiser les itinéraires de collecte des déchets, réduire les émissions et minimiser les coûts opérationnels [158]. Les systèmes de tri des déchets basés sur l'IA peuvent identifier avec précision les matériaux recyclables, améliorant ainsi l'efficacité du recyclage et réduisant la contamination [159].

c) Faciliter la circularité et le partage d'informations

L'IA peut aider à surmonter la fragmentation de l'économie linéaire en facilitant le partage d'informations et la collaboration entre les industries [157]. Les plateformes basées sur l'IA peuvent connecter les différents acteurs de la chaîne de valeur, permettant l'échange de données sur les flux de matériaux, les opportunités de symbiose industrielle et les meilleures pratiques [160]. Cette transparence et cette connectivité favorisent la circularité et l'innovation.

4. Études de cas et exemples d'applications

L'économie circulaire, en tant que modèle économique visant à optimiser l'utilisation des ressources et à minimiser les déchets, trouve dans l'intelligence artificielle un allié puissant pour sa mise en œuvre effective. Cette section présente des exemples concrets d'applications de l'IA qui contribuent à la transition vers une économie plus circulaire. Ces cas d'étude illustrent comment l'IA, souvent en synergie avec d'autres technologies telles que l'Internet des Objets (IoT), peut améliorer l'efficacité des processus de production, optimiser la gestion des déchets, et faciliter la symbiose industrielle. Ces applications démontrent le potentiel de l'IA pour accélérer la transition vers des modèles économiques plus durables et circulaires, en offrant des solutions innovantes aux défis de la gestion des ressources et des déchets.

a) Suivi de production : KEYPROD, la synergie entre IA et IoT

Dans le contexte de l'économie circulaire, l'optimisation des processus de production est cruciale pour réduire les déchets, maximiser l'efficacité des ressources et prolonger la durée de vie des équipements. C'est dans cette optique que KEYPROD, une start-up française, a développé une solution innovante combinant l'Internet des Objets (IoT) et l'Intelligence Artificielle (IA) pour révolutionner le suivi de production industrielle [161].

Le système KEYPROD repose sur l'intégration de capteurs IoT intelligents directement sur les machines de production. Ces capteurs collectent en continu des données sur les vibrations des machines, un indicateur clé de leur fonctionnement et de leur état. L'originalité de l'approche réside dans l'utilisation d'algorithmes d'IA avancés pour analyser ces données vibratoires en temps réel.

Cette analyse en temps réel permet aux industriels d'obtenir des informations précieuses sur leurs processus de production, offrant ainsi une visibilité sans précédent sur le fonctionnement de leurs équipements. Les avantages de cette approche sont multiples :

a) Analyse des pertes : L'IA identifie les sources de gaspillage dans le processus de production, permettant une utilisation plus efficace des ressources.

b) Identification des causes d'arrêts : Le système détecte et catégorise rapidement les raisons des arrêts de production, facilitant une intervention rapide et ciblée.

c) Calcul du taux de rendement synthétique (TRS) : Cet indicateur clé de performance est calculé automatiquement, offrant une vue d'ensemble de l'efficacité de la production.

d) Suivi du taux d'utilisation des machines : L'IA analyse les périodes d'activité et d'inactivité des machines, permettant d'optimiser leur utilisation.

e) Détection des micro-arrêts : Le système identifie les courtes interruptions souvent négligées mais qui, cumulées, peuvent avoir un impact significatif sur la productivité.

f) Comptage précis des pièces : L'IA assure un suivi exact de la production, améliorant la gestion des stocks et réduisant les surplus.

g) Gestion de la non-qualité : Le système détecte rapidement les anomalies de production, permettant d'intervenir avant que des défauts ne se propagent.

Dans une étude de cas menée dans une usine de fabrication automobile, l'implémentation de KEYPROD a permis de réduire les temps d'arrêt non planifiés de 25% et d'augmenter la durée de vie des équipements de 15%, contribuant ainsi significativement aux objectifs de l'économie circulaire.

L'approche de KEYPROD illustre comment la synergie entre l'IA et l'IoT peut transformer les processus industriels pour les rendre plus durables et efficaces. En fournissant des informations précises et en temps réel, cette technologie permet aux industriels de prendre des décisions rapides et éclairées, réduisant ainsi le gaspillage de ressources et contribuant à une production plus circulaire et durable.

b) Le système de réduction des déchets alimentaires basé sur l'IA de Winnow

Contexte : Le gaspillage alimentaire est un problème mondial majeur, environ un tiers de toute la nourriture produite pour la consommation humaine étant perdue ou gaspillée. Cela représente non seulement une perte économique énorme, mais contribue également aux problèmes environnementaux.

L'entreprise : Winnow est une entreprise technologique britannique fondée en 2013 dans le but de réduire le gaspillage alimentaire dans les cuisines commerciales.

La solution IA : Winnow a développé un système alimenté par l'IA appelé Winnow Vision, qui utilise la vision par ordinateur et l'apprentissage automatique pour identifier et mesurer le gaspillage alimentaire dans les cuisines commerciales.

Fonctionnement :

- Installation de la caméra : Une caméra est installée au-dessus de la poubelle dans une cuisine.
- Capture d'image : La caméra capture des images des aliments au moment où ils sont jetés.
- Analyse IA : Des algorithmes d'apprentissage automatique analysent ces images en temps réel, identifiant le type et la quantité d'aliments jetés.
- Insights de données : Le système fournit des rapports détaillés sur ce qui est gaspillé, quand et en quelles quantités.

- Prise de décision : Le personnel de cuisine et les gestionnaires utilisent ces informations pour ajuster leurs achats, la planification des menus et les tailles des portions.

Impact sur l'économie circulaire :

- Efficacité des ressources : En réduisant le gaspillage alimentaire, le système aide les cuisines à utiliser les ressources plus efficacement, un principe clé de l'économie circulaire.

- Réduction des déchets : Moins de gaspillage alimentaire signifie moins de matière organique dans les décharges, réduisant les émissions de méthane.

- Avantages économiques : Les cuisines économisent de l'argent en réduisant la surproduction et les achats inutiles.

Résultats [162]:

- Ikea, l'un des clients de Winnow, a déclaré avoir réduit son gaspillage alimentaire de 50% dans ses magasins au Royaume-Uni et en Irlande au cours de la première année d'utilisation du système.

- Winnow estime que sa technologie a aidé ses clients à sauver plus de 36 millions de repas de la poubelle chaque année, ce qui équivaut à 42 millions de dollars d'économies en coûts alimentaires.

- L'entreprise affirme que son système aide généralement les cuisines à réduire le gaspillage alimentaire de 40 à 70% dans les 6 à 12 mois suivant sa mise en œuvre.

Évolutivité et potentiel futur : Le système d'IA apprend et améliore continuellement sa précision au fil du temps. À mesure que davantage de cuisines adoptent la technologie, le potentiel de réduction à grande échelle du gaspillage alimentaire augmente, contribuant de manière significative aux objectifs d'économie circulaire dans l'industrie alimentaire.

Cette étude de cas démontre comment l'IA peut être un outil puissant pour promouvoir les principes de l'économie circulaire en optimisant l'utilisation des ressources, en réduisant les déchets et en fournissant des insights basés sur les données pour des pratiques plus durables.

c) Plateforme de symbiose industrielle basée sur l'IA

La plateforme de symbiose industrielle SHAREBOX utilise l'IA pour faciliter l'échange de ressources entre les industries [160]. En analysant les données sur les flux de matériaux et les besoins des entreprises, la plateforme identifie les opportunités de symbiose, où les déchets d'une industrie peuvent servir de matière première pour une autre. Cette approche favorise la circularité, réduit les déchets et génère des avantages économiques et environnementaux.

Fonctionnement de SHAREBOX :

a) Collecte de données : La plateforme recueille en continu des données sur les flux de matériaux, d'énergie et d'eau des entreprises participantes, ainsi que sur leurs besoins en ressources.

b) Analyse par IA : Des algorithmes d'apprentissage automatique analysent ces données pour identifier des correspondances potentielles entre les déchets/sous-produits d'une entreprise et les besoins en ressources d'une autre.

c) Prédiction et recommandation : L'IA prédit les flux de ressources futurs et recommande des opportunités de symbiose, en tenant compte de facteurs tels que la proximité géographique, la compatibilité des matériaux et les coûts de transport.

d) Optimisation continue : Le système apprend en permanence des interactions passées pour affiner ses recommandations et anticiper de nouvelles opportunités.

e) Interface utilisateur intuitive : Les entreprises accèdent à une interface conviviale qui leur permet de visualiser les opportunités de symbiose et de communiquer avec des partenaires potentiels.

Impacts et résultats :

SHAREBOX a été testé dans plusieurs parcs industriels en Europe, notamment en Espagne, au Royaume-Uni et en Hongrie. Les résultats ont été significatifs:

- Réduction des déchets : la plateforme a permis de réduire les déchets industriels en identifiant des synergies inédites entre les entreprises.

- Économies de ressources : Les entreprises participantes ont rapporté une réduction de leur consommation de matières premières vierges.

- Réduction des émissions de CO2 : Grâce à la réduction des transports et à l'optimisation des ressources, les émissions de CO2 ont diminué dans les zones pilotes.

- Création de nouvelles opportunités commerciales : La plateforme a facilité la création de nouvelles collaborations inter-entreprises, stimulant l'innovation et la création de valeur.

5. L'adoption de l'IA : défis et considérations

L'intelligence artificielle (IA) peut contribuer à la transition vers une économie circulaire, mais elle implique aussi des difficultés à résoudre. La considération de ces difficultés est essentielle pour garantir l'efficacité, l'équité et la durabilité des solutions mises en œuvre. Les points suivants détaillent certains des principaux enjeux.

a) Qualité et disponibilité des données

Le développement de solutions d'IA efficaces pour l'économie circulaire nécessite des données de haute qualité et complètes sur les flux de ressources, les chaînes d'approvisionnement et les modèles de consommation [163]. Les lacunes dans les données, l'incompatibilité des formats et le manque de partage d'informations peuvent entraver les performances des algorithmes d'IA [160].

b) Collaboration et engagement des parties prenantes

La transition vers une économie circulaire nécessite la collaboration et l'engagement de diverses parties prenantes, notamment les industries, les gouvernements, les consommateurs et la société civile [153]. Surmonter les silos organisationnels, harmoniser les intérêts et favoriser une vision partagée sont des défis cruciaux pour le déploiement réussi des solutions d'IA dans ce contexte [163].

c) Considérations éthiques et impact social

L'application de l'IA dans l'économie circulaire doit tenir compte des implications éthiques et de l'impact social. Les questions de confidentialité des données, de transparence algorithmique et d'équité doivent être abordées pour garantir une adoption responsable et inclusive des technologies d'IA [8]. De plus, il est essentiel d'anticiper et de gérer les perturbations potentielles sur l'emploi et les compétences résultant de l'automatisation basée sur l'IA [164].

6. Conclusion

L'IA offre un potentiel immense pour accélérer la transition vers une économie circulaire en optimisant la gestion des ressources, en réduisant les déchets et en favorisant la circularité. En exploitant la puissance de l'analyse des données, de l'apprentissage automatique et des technologies de prévision, l'IA peut aider à surmonter les inefficacités de l'économie linéaire et à ouvrir la voie à des systèmes de production et de consommation plus durables.

Cependant, pour réaliser pleinement le potentiel de l'IA dans la promotion de l'économie circulaire, il est essentiel de relever les défis liés à la qualité des données, à la collaboration des parties prenantes et aux considérations éthiques. En adoptant une approche holistique et responsable du déploiement de l'IA, nous pouvons libérer son potentiel pour stimuler l'innovation, réduire l'empreinte environnementale et créer une économie véritablement circulaire.

De l'économie circulaire, nous passerons dans le prochain chapitre à la préservation de la vie sur Terre, en examinant comment l'IA peut contribuer à la conservation de la biodiversité.

CHAPITRE XI.

IA POUR LA CONSERVATION DE LA BIODIVERSITÉ

1. Introduction

La biodiversité, qui englobe la variété et la variabilité des formes de vie sur Terre, est essentielle au maintien des écosystèmes et au bien-être humain. Cependant, la biodiversité mondiale est confrontée à de multiples menaces, notamment le changement climatique, la destruction des habitats, le braconnage et la pollution. Ce chapitre explore le rôle transformateur de l'Intelligence Artificielle dans la conservation de la biodiversité. La figure ci-dessous met en avant comment l'IA peut être appliquée de manière ciblée pour adresser les défis spécifiques à la conservation de la biodiversité.

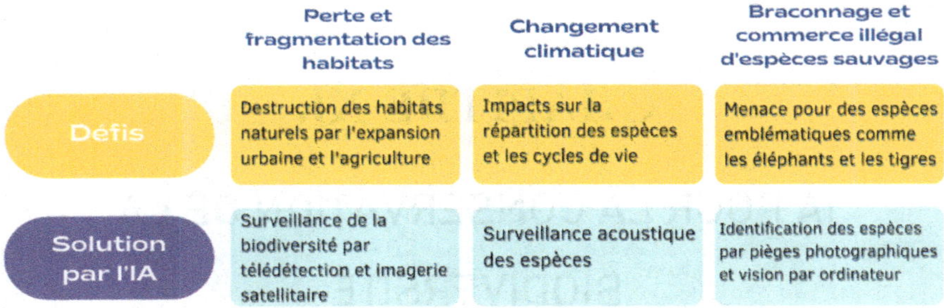

Figure 9 : Solutions basées sur l'IA pour la conservation de la biodiversité

Ce chapitre met aussi l'accent sur les applications de l'IA dans la surveillance, l'identification des espèces, la cartographie des habitats et la protection de la faune.

2. Défis pour la conservation de la biodiversité

La biodiversité mondiale fait face à des menaces croissantes qui compromettent la survie de nombreuses espèces et perturbent les écosystèmes. Trois des principales menaces à la biodiversité sont la perte et la fragmentation des habitats, le changement climatique, et le braconnage et le commerce illégal d'espèces sauvages.

a) Perte et fragmentation des habitats

La destruction et la fragmentation des habitats naturels, dues à l'expansion urbaine, à l'agriculture et à l'exploitation forestière, constituent une menace majeure pour la biodiversité [165]. La perte d'habitat réduit la disponibilité des ressources vitales pour les espèces et perturbe les interactions écologiques, conduisant à un déclin de la biodiversité [166].

b) Changement climatique

Le changement climatique a des impacts profonds sur la biodiversité, modifiant la répartition des espèces, perturbant les cycles de vie et exacerbant les menaces existantes [167]. L'élévation des températures, l'évolution des régimes de précipitations et l'augmentation de la fréquence des événements météorologiques extrêmes mettent à rude épreuve la capacité d'adaptation des écosystèmes [168].

c) Braconnage et commerce illégal d'espèces sauvages

Le braconnage et le commerce illégal d'espèces sauvages sont des moteurs importants du déclin de la biodiversité, ciblant des espèces emblématiques telles que les éléphants, les rhinocéros et les tigres [169]. La demande de produits dérivés d'animaux sauvages alimente un marché lucratif qui menace la survie de nombreuses espèces [170].

3. Solutions basées sur l'IA pour la conservation de la biodiversité

a) Surveillance de la biodiversité par télédétection et imagerie satellitaire

L'IA révolutionne la surveillance de la biodiversité en analysant de vastes ensembles de données provenant de capteurs et de satellites. Les algorithmes d'apprentissage profond peuvent identifier rapidement les changements dans la couverture terrestre, tels que la déforestation et la fragmentation des habitats [171]. Ces informations permettent aux conservationnistes de détecter les menaces en temps réel, d'allouer des ressources et de prendre des décisions éclairées pour protéger les écosystèmes critiques [172].

b) Surveillance acoustique des espèces

La surveillance acoustique basée sur l'IA offre une approche non invasive et évolutive pour surveiller la biodiversité. Les algorithmes d'IA peuvent analyser les enregistrements audio des environnements naturels, identifiant les vocalisations uniques des espèces et suivant les populations fauniques [173]. Cette technologie est particulièrement précieuse pour surveiller les espèces rares et menacées dans des habitats reculés, fournissant des informations essentielles pour les efforts de conservation [174].

c) Identification des espèces par pièges photographiques et vision par ordinateur

Les pièges photographiques, combinés à la vision par ordinateur basée sur l'IA, permettent une identification et un suivi rapides et précis des espèces sauvages. Les algorithmes d'IA peuvent analyser les images capturées, détectant automatiquement la présence d'espèces particulières [175]. Ces données éclairent les estimations des populations, l'évaluation de l'efficacité des interventions de conservation et la détection des activités de braconnage, transformant ainsi les pratiques de conservation de la faune [176].

4. Études de cas et exemples d'applications

a) Suivi des populations de grands félins par des pièges photographiques

Le Snow Leopard Trust utilise des pièges photographiques alimentés par l'IA pour surveiller et protéger les léopards des neiges menacés en Asie centrale [177]. Les algorithmes d'IA identifient les léopards individuels à partir des images capturées, fournissant des informations précieuses sur l'abondance, les mouvements et les comportements de la population. Ces données éclairent les stratégies de conservation, telles que la désignation d'aires protégées et la lutte contre le braconnage.

b) Détection de la déforestation illégale par imagerie satellitaire

Les organisations de conservation utilisent l'IA et l'imagerie satellitaire pour détecter et surveiller la déforestation illégale dans les forêts tropicales [178]. Les algorithmes d'apprentissage automatique analysent les images satellitaires à haute résolution, identifiant les changements dans la couverture forestière en temps quasi réel. Ces systèmes d'alerte précoce permettent une intervention rapide, le maintien de l'ordre et la poursuite des activités illégales d'abattage.

c) Priorisation des zones de conservation par l'intelligence artificielle

CAPTAIN utilise des données sur la biodiversité, des budgets de conservation, des modèles de changement climatique et des pressions humaines pour alimenter un réseau neuronal. Il quantifie les compromis entre les coûts et les bénéfices de la protection des zones et de la biodiversité, en explorant plusieurs métriques. En simulant divers scénarios, CAPTAIN vise à sauver un maximum d'espèces de l'extinction, en optimisant la position des zones protégées dans son monde simulé.

5. L'adoption de l'IA : défis et considérations

Afin d'optimiser l'efficacité des applications d'intelligence artificielle (IA) dans la conservation de la biodiversité, il est essentiel de relever plusieurs défis cruciaux. Ces défis incluent la qualité des données disponibles, l'expertise technique requise, ainsi que les implications éthiques et réglementaires. Voici une analyse détaillée de ces aspects essentiels :

a) Qualité et disponibilité des données

La performance des applications d'IA pour la conservation dépend fortement de la disponibilité de données précises, complètes et bien annotées [179]. La collecte de données sur le terrain, en particulier dans des régions éloignées, peut être coûteuse et difficile. Le partage de données entre les organisations de conservation, les agences gouvernementales et les chercheurs est essentiel pour maximiser l'impact des solutions d'IA [180].

b) Expertise technique et renforcement des capacités

L'adoption réussie des technologies d'IA pour la conservation de la biodiversité nécessite une expertise technique et un renforcement des capacités. Les conservationnistes peuvent avoir besoin d'une formation et d'un soutien pour acquérir les compétences nécessaires à l'utilisation et à l'interprétation des outils d'IA [171]. La collaboration entre les experts en IA et les praticiens de la conservation est essentielle pour développer des solutions adaptées aux défis spécifiques de la conservation.

c) Considérations éthiques et réglementaires

L'application de l'IA dans la conservation de la biodiversité soulève des considérations éthiques concernant la collecte, le stockage et l'utilisation des données [181]. Les questions de confidentialité, de propriété des données et de consentement éclairé doivent être soigneusement prises en compte, en particulier lorsqu'elles impliquent des communautés locales. En outre, les cadres réglementaires peuvent nécessiter une adaptation pour gérer l'utilisation responsable de l'IA dans la conservation [182].

6. Conclusion

L'IA offre des outils puissants pour relever les défis complexes de la conservation de la biodiversité. Des applications telles que la surveillance par télédétection, la surveillance acoustique et la reconnaissance d'espèces par vision par ordinateur révolutionnent notre capacité à comprendre et à protéger les écosystèmes naturels. En exploitant le potentiel de l'IA pour la modélisation prédictive, la lutte contre le braconnage et la planification de la conservation, nous pouvons développer des stratégies de conservation plus efficaces et fondées sur des données probantes.

Cependant, pour exploiter pleinement le potentiel de l'IA dans la conservation de la biodiversité, il est essentiel de relever les défis liés à la qualité des données, au renforcement des capacités techniques et aux considérations éthiques. En adoptant une approche collaborative, éthique et centrée sur les solutions du déploiement de l'IA, nous pouvons créer un avenir où la technologie et la conservation s'alignent pour protéger la biodiversité précieuse de notre planète.

Après avoir exploré le rôle de l'IA dans la préservation de notre environnement naturel, le chapitre suivant montrera comment cette technologie peut transformer l'un des piliers du Développement Durable : l'éducation.

CHAPITRE XII.

LE RÔLE DE L'IA DANS L'ÉDUCATION POUR LE DÉVELOPPEMENT DURABLE

1. Introduction :

L'éducation joue un rôle central dans la transition vers un monde plus durable, en enseignant et en favorisant le Développement Durable. L'Éducation au Développement Durable (EDD) est cruciale pour armer les générations présentes et futures avec les compétences nécessaires pour promouvoir l'équilibre économique, social et environnemental. L'éducation est également considérée comme un pilier fondamental pour atteindre les Objectifs du Développement Durable, en autonomisant les individus et en favorisant l'inclusion sociale et le développement économique durable [183].

Dans ce contexte, l'utilisation croissante de l'intelligence artificielle (IA) dans l'éducation offre des opportunités prometteuses, mais soulève également des préoccupations éthiques et sociales. Les outils d'IA, tels que les jeux éducatifs, les plateformes d'apprentissage adaptatif et les systèmes de notation automatisés, sont de plus en plus utilisés dans les salles de classe. Bien que la majorité des éducateurs perçoivent l'IA de manière positive, des inquiétudes subsistent concernant la tricherie et la diminution de l'interaction humaine. Une éducation éthique sur l'IA est jugée essentielle, avec un besoin de formation complète pour les éducateurs.

L'IA a le potentiel de transformer l'éducation en rendant l'apprentissage plus personnalisé et efficace. Cependant, des défis tels que la confidentialité, la sécurité et les biais doivent être abordés pour garantir un impact positif de l'IA sur les environnements d'apprentissage. Malgré ces défis, l'IA offre une meilleure analyse des données et permet des décisions éclairées basées sur les données dans le domaine de l'éducation.

2. Histoire de l'IA dans l'éducation

L'intégration de l'Intelligence Artificielle dans l'éducation a connu des avancées notables depuis les années 1960 [184]. Les définitions de l'IA dans ce domaine ont évolué pour inclure des aspects tels que l'adaptation, l'apprentissage et l'autocorrection, soulignant ses diverses applications pour améliorer l'expérience éducative. L'IA est désormais perçue comme des systèmes informatiques qui imitent les processus humains, s'adaptant ainsi à divers domaines éducatifs. Son utilisation de données en temps réel et historiques illustre son potentiel à personnaliser l'apprentissage. En somme, ces évolutions démontrent l'importance croissante de l'IA en tant que partenaire dans la création d'environnements éducatifs adaptatifs et personnalisés, soulignant son rôle transformationnel dans l'avenir de l'apprentissage.

L'intelligence artificielle (IA) appliquée à l'éducation progresse des laboratoires vers des environnements d'apprentissage concrets. Dans le domaine des technologies éducatives (EdTech), divers systèmes sont introduits, tels que l'Apprentissage Adaptatif Individuel pour une personnalisation de l'apprentissage, l'Enseignement Assisté pour la gestion de classe et l'évaluation, ainsi que l'Administration Institutionnelle pour les tâches administratives. Cette évolution est illustrée par la croissance du marché mondial de l'IA dans l'éducation, estimé à 3,79 milliards de dollars américains en 2022 et prévu de passer à 20,54 milliards de dollars américains en 2027, avec un taux de croissance annuel composé (TCAC) de 45,6%. Maximiser l'impact de l'IA dans l'éducation nécessite d'explorer ses opportunités tout en gérant ses risques.

3. L'intégration de l'AI dans l'éducation : opportunités et exemples

L'intégration de l'Intelligence Artificielle dans l'éducation prend de nombreuses formes, et en fonction du but d'utilisation, des applications sont développées et catégorisées. Holmes et al. [185] suggèrent de classer les technologies d'IA en fonction de leurs approches pédagogiques, constructivistes ou de soutien aux enseignants, afin de faciliter des méthodes éducatives variées.

a) Gestion et prestation de l'éducation

Les technologies de l'IA transforment la gestion éducative en automatisant les tâches administratives et en offrant des perspectives précieuses grâce à l'analyse d'apprentissage. Elles sont cruciales pour personnaliser l'expérience d'apprentissage, anticiper les problèmes et optimiser les ressources, favorisant ainsi une approche plus efficace et personnalisée de l'administration éducative [[186], [187]].

Des exemples pratiques d'outils basés sur l'IA utilisés dans la gestion et la prestation de l'éducation incluent les chatbots éducatifs qui fournissent des informations et un soutien personnalisé, les outils d'analyse prédictive qui prédisent le succès ou l'échec des étudiants, comme l'outil OU Analyse, et des méthodes comme « Swift » qui aident à personnaliser l'apprentissage et à comprendre les opinions des étudiants.

b) Apprentissage et évaluation

L'Intelligence Artificielle (IA) offre un soutien efficace à l'apprentissage en ligne en personnalisant les expériences d'apprentissage pour les étudiants et en facilitant les évaluations adaptatives [188]. Les récents progrès dans l'évaluation éducative associée à l'IA suscitent un intérêt croissant en tant que moyen d'accroître l'efficacité et la légitimité des évaluations. Cela met en lumière l'importance de l'analyse des vastes quantités de données de processus recueillies dans des contextes d'évaluation numérique [189].

Des exemples d'applications de l'IA dans l'apprentissage et l'évaluation incluent les Systèmes de Tutorat Intelligent (STI) qui offrent des tutoriels personnalisés, l'Évaluation Automatisée de l'Écriture (EAE) qui fournit des retours rapides et personnalisés, et les robots intelligents qui agissent comme tuteurs personnalisés et améliorent les compétences des élèves dans divers domaines [190].

c) Autonomisation des enseignants et amélioration de l'enseignement

Bien que l'IA pour les étudiants soit privilégiée, il y a une prise de conscience croissante de l'IA pour les enseignants, visant à améliorer les pratiques pédagogiques. Ces systèmes aident à la prise de décision basée sur les données, réduisent la charge de travail et organisent les salles de classe. Malgré ces outils, le rôle essentiel des enseignants reste irremplaçable. L'intégration de ces outils vise à automatiser les tâches récurrentes pour permettre plus d'interactions significatives avec les étudiants [191].

4. Enjeux et risques liés à l'Intelligence Artificielle dans l'éducation

Les possibilités de l'IA dans l'éducation présentent un potentiel élevé d'amélioration, mais une série de nouveaux risques et menaces remettent en question les avantages de l'adoption de l'IA dans l'éducation [192]. Les principales préoccupations incluent l'efficacité des interventions de l'IA, la sélection des pédagogies dans les outils d'IA, les préoccupations concernant la vie privée des étudiants, la sécurité de l'emploi des enseignants et les décisions relatives au contenu éducatif.

Des préoccupations spécifiques liées à l'utilisation de l'IA dans l'éducation incluent les violations de la vie privée, le compromis de l'autorité et de l'autonomie humaines, la surveillance intrusive, les biais et la discrimination algorithmiques, ainsi que l'impact sur l'équité sociale [[193], [194]].

Pour relever ces défis, une approche multidimensionnelle est nécessaire, impliquant la clarification du rôle complémentaire de l'IA, l'établissement de directives pour un déploiement responsable, la sensibilisation aux implications éthiques, la mise en œuvre de mesures de sécurité et de cadres législatifs, le maintien de normes élevées de contenu, et la collaboration entre diverses parties prenantes [195].

5. Tendances et développements

Le lancement de ChatGPT en novembre 2022 a marqué un tournant dans l'IA générative, suscitant rapidement l'intérêt. Dans l'éducation, des modèles de langage comme ChatGPT peuvent servir de tuteurs virtuels et faciliter des expériences d'apprentissage personnalisées. Cependant, des préoccupations persistent quant aux risques potentiels, tels que la génération de contenu erroné ou biaisé [196].

Des avantages potentiels de l'utilisation des applications de modèles de langage dans l'éducation incluent des expériences d'apprentissage personnalisées, des réponses efficaces aux questions, une expérience d'apprentissage captivante, des suggestions utiles pour les enseignants et une assistance à la rédaction d'essais. Cependant, des limitations et des défis subsistent, tels que des problèmes d'efficacité, de qualité des données, de complexité des tâches, de coût, de problèmes éthiques et de sécurité, ainsi que de systèmes d'évaluation délicats.

Pour bénéficier des avantages tout en gérant les défis et les limitations, il est nécessaire d'optimiser l'utilisation des applications de modèles de langage dans le domaine de l'éducation en adoptant une approche d'intégration responsable et éthique, permettant aux institutions éducatives d'adopter efficacement les innovations tout en restant à la pointe de l'évolution du paysage éducatif.

6. Recommandations

Le pouvoir transformateur de l'IA dans l'éducation est incontestable, soulignant l'importance cruciale de son intégration réussie pour façonner les générations futures et favoriser le Développement Durable. Cependant, une enquête récente de l'UNESCO [197] révèle que moins de 10 % des établissements éducatifs ont établi des politiques formelles concernant l'utilisation de l'IA générative.

Face à ce constat, l'UNESCO propose huit mesures spécifiques pour garantir une éducation de qualité, l'équité sociale et l'inclusion en intégrant l'IA [197] :

- Promouvoir l'inclusion, l'équité, la diversité linguistique et culturelle ;
- Protéger l'autorité humaine ;
- Surveiller et valider les systèmes d'IA générative pour l'éducation ;
- Développer les compétences en IA pour les apprenants ;
- Renforcer les compétences des enseignants et des chercheurs ;
- Promouvoir les opinions et expressions plurales ;
- Tester des modèles d'application localement pertinents ;
- Examiner les implications à long terme de manière collaborative.

7. Conclusion

En conclusion, le pouvoir transformateur de l'IA dans l'éducation est indéniable, offrant des opportunités passionnantes pour personnaliser l'apprentissage, améliorer l'engagement des étudiants et éclairer la prise de décision basée sur les données. Cependant, l'intégration réussie de l'IA nécessite une prise en compte attentive des implications éthiques, de l'équité et de l'inclusion, ainsi qu'un engagement à développer les compétences des éducateurs.

En adoptant une approche multidimensionnelle qui englobe des directives claires, une collaboration entre les parties prenantes et une éducation sur les implications de l'IA, nous pouvons exploiter le potentiel de l'IA pour transformer l'éducation et favoriser le Développement Durable. L'avenir de l'éducation réside dans l'équilibre judicieux entre l'innovation technologique et les valeurs humaines, en veillant à ce que l'IA soit utilisée de manière à autonomiser les apprenants, à combler les lacunes en matière d'équité et à préparer les citoyens du monde de demain.

En fin de compte, le rôle de l'IA dans l'éducation pour le Développement Durable ne se limite pas à un simple outil ou à une tendance passagère. Il s'agit d'un appel à repenser fondamentalement la façon dont nous éduquons, responsabilisons et inspirons les générations futures. En embrassant le pouvoir de l'IA de manière réfléchie et éthique, nous pouvons ouvrir la voie à un avenir où l'éducation transcende les limites traditionnelles, cultive l'innovation et façonne un monde plus durable pour tous.

Pour conclure notre exploration des applications de l'IA, le dernier chapitre examinera son potentiel dans un autre domaine crucial du

Développement Durable : les soins de santé. Tout comme l'éducation, la santé est un pilier fondamental du bien-être humain et du progrès social. L'IA, qui a montré son potentiel transformateur dans l'éducation, promet également de révolutionner la façon dont nous abordons les soins de santé, de la prévention au traitement. En passant de l'éducation à la santé, nous verrons comment l'IA peut contribuer à créer des sociétés non seulement plus instruites, mais aussi plus saines, deux aspects essentiels d'un développement véritablement durable.

CHAPITRE XIII.

INTÉGRATION DE L'IA DANS LES SOINS DE SANTÉ POUR UN DÉVELOPPEMENT DURABLE

1. Introduction :

Le domaine des soins de santé est actuellement à l'intersection d'une révolution sans précédent, combinant les avancées technologiques de l'Intelligence Artificielle (IA) avec la nécessité pressante de développer des solutions durables face aux défis contemporains [198]. Dans le cadre de notre exploration du potentiel de l'IA dans les soins de santé, le présent chapitre se concentre sur les défis majeurs rencontrés par le secteur, en particulier la gestion des données de santé et les diagnostics.

L'ère numérique a engendré une abondance de données de santé, devenant à la fois une ressource précieuse et une source de complexité. La gestion efficace de ces données est cruciale pour assurer des soins de qualité. Cependant, la multitude de sources, de formats et de volumes rend cette tâche difficile pour les professionnels de la santé. Dans ce contexte, l'IA émerge comme une solution prometteuse. En automatisant la gestion des données, elle permet une analyse rapide, l'identification de tendances significatives, et l'amélioration générale de la prise de décision en temps réel [199]. Ce chapitre examinera comment l'IA peut être appliquée de manière pratique pour surmonter ces défis et accélérer la gestion des données de santé.

Le processus de diagnostic médical, pivot central des soins de santé, est confronté à des défis croissants en raison de la complexité des maladies et de l'expansion des données médicales. Les professionnels de la santé sont sous pression pour fournir des diagnostics précis et rapides. L'IA offre des possibilités innovantes pour transformer le processus de diagnostic. En tirant parti de l'apprentissage automatique, elle peut analyser des ensembles de données massifs, identifier des modèles subtils, et améliorer la précision des diagnostics [199]. Ce chapitre explorera comment l'intégration de l'IA dans les diagnostics médicaux peut améliorer l'efficacité des professionnels de la santé et améliorer les résultats pour les patients.

L'adoption de l'IA pour relever ces défis est ancrée dans la nécessité de transformer le paysage des soins de santé pour le rendre durable et efficace. Ce chapitre se propose de démontrer que l'IA n'est pas seulement une théorie ou une idée conceptuelle, mais une réalité pratique avec le potentiel de transformer radicalement la prestation des soins. L'IA offre une opportunité unique de libérer le pouvoir de l'innovation, d'optimiser l'utilisation des ressources, et d'améliorer la qualité des soins dans un monde en constante évolution [200].

En nous appuyant sur des exemples concrets, des études de cas et des réflexions éthiques, ce chapitre trace la voie de la mise en œuvre pratique de l'IA dans les soins de santé, établissant ainsi un pont essentiel entre la théorie et la réalité, tout en contribuant au Développement Durable du secteur.

2. Défis et solutions de l'IA

L'émergence de termes tels que santé numérique, e-santé et télémédecine marque le début d'une période de transformation profonde dans le domaine de la santé, propulsée par l'avancée du traitement des données médicales, l'adoption de l'Intelligence Artificielle (IA), et les modifications substantielles prévues dans les infrastructures de santé actuelles.

Le secteur de la santé est confronté à une série de défis complexes, parmi lesquels l'intégration réussie de l'Intelligence Artificielle (IA) émerge comme une réponse innovante et prometteuse.

a) Volume, variété et vélocité des données

Avec la prolifération des dossiers médicaux électroniques, des dispositifs médicaux connectés et des applications de suivi de la santé, la quantité de données générées chaque jour atteint des niveaux astronomiques. Le traitement manuel de ces données devient non seulement inefficace, mais expose également les professionnels de la santé au risque d'erreurs et de retards dans la prise de décision. Les algorithmes d'IA peuvent traiter et analyser des volumes massifs de données à grande vitesse, aidant à extraire des informations pertinentes pour le diagnostic et le traitement. Un exemple notable est IBM Watson, une technologie d'IA avancée qui a été utilisée dans de nombreux domaines, en particulier, celui de la santé pour analyser et interpréter des volumes considérables de données médicales non structurées allant des dossiers médicaux électroniques, des publications scientifiques, aux résultats de recherche clinique. Watson est capable de comprendre le langage naturel, ce qui lui permet de traiter et d'analyser des données qui seraient autrement inaccessibles avec des méthodes traditionnelles de gestion des données [201].

b) Interopérabilité des données

Les systèmes de santé souffrent souvent d'un manque d'interopérabilité, les données étant éparpillées dans différents systèmes non communicants, ce qui entrave une vue holistique de l'état de santé du patient. L'IA peut faciliter l'intégration des données de santé en extrayant et normalisant les informations provenant de diverses sources, rendant les données plus accessibles et exploitables à travers différents systèmes.

Un exemple concret de l'amélioration de l'interopérabilité des données de santé grâce à l'intelligence artificielle (IA) est le projet de la Health Information Exchange (HIE) dans l'État de New York, connu sous le nom de SHIN-NY (Statewide Health Information Network of New York). Ce réseau connecte des données provenant de divers systèmes électroniques de dossiers médicaux (EMR) utilisés dans différents hôpitaux, cliniques et cabinets médicaux à travers l'État. L'un des défis majeurs dans ce contexte est l'hétérogénéité des formats de données et des systèmes utilisés par chaque entité. L'IA intervient pour extraire, nettoyer et normaliser ces données, permettant ainsi leur intégration dans un format unifié accessible à tous les prestataires de santé participants. Cette harmonisation facilite une vue complète et actualisée de l'historique médical du patient, améliorant la coordination des soins, la prise de décision clinique et la sécurité des patients.

Par exemple, grâce à l'IA, la SHIN-NY peut identifier et résoudre automatiquement les disparités entre les différents systèmes de dossiers médicaux électroniques, comme les différences de nomenclature pour les mêmes procédures ou médicaments. Cela assure que les données soient interprétables et utilisables de manière cohérente par tous les professionnels de santé, quel que soit le système d'EMR qu'ils utilisent [202].

c) Confidentialité et sécurité

Les données médicales sont extrêmement sensibles. Leur gestion soulève d'importants enjeux de confidentialité et de sécurité, nécessitant le respect de réglementations strictes. Les technologies d'IA, comme l'apprentissage automatique, peuvent être utilisées pour renforcer la sécurité des données de santé, par exemple, en détectant et en prévenant les tentatives de cyberattaques ou les accès non autorisés.

Un exemple concret est le système de détection des menaces développé par la société de cybersécurité Darktrace. Cette dernière utilise l'IA et l'apprentissage automatique pour identifier et contrer en temps réel les cyberattaques et les comportements suspects au sein des réseaux informatiques des hôpitaux et des organisations de santé. Le système de Darktrace, connu sous le nom de « Enterprise Immune System », fonctionne un peu comme le système immunitaire humain. Il apprend en continu le « modèle normal » de comportement du réseau de l'organisation de santé. Grâce à cet apprentissage, il est capable de détecter les anomalies qui pourraient indiquer une tentative de cyberattaque ou un accès non autorisé, telles que des mouvements inhabituels de données ou des tentatives d'accès à des fichiers sensibles. Lorsque le système détecte une activité suspecte, il peut automatiquement prendre des mesures pour la neutraliser, par exemple en isolant un appareil compromis du reste du réseau ou en bloquant un transfert de données suspect, tout cela en temps réel. Cette approche proactive permet non seulement de réagir rapidement aux menaces potentielles mais également de prévenir les atteintes à la sécurité des données avant qu'elles ne causent du tort [203].

d) Les diagnostics médicaux

La diversité des symptômes, la complexité des maladies et l'augmentation de la charge de travail des professionnels de la santé rendent impérative l'exploration de solutions novatrices. Les systèmes d'IA, capables d'apprendre à partir de vastes ensembles de données, peuvent identifier des modèles subtils dans les informations cliniques. Cette capacité à détecter des associations complexes peut considérablement améliorer la précision des diagnostics, permettant une identification plus rapide et plus précise des maladies.

De plus, l'IA peut être utilisée pour prédire les risques de maladies, permettant ainsi une intervention précoce et une gestion proactive de la santé des patients. En surmontant ces défis diagnostiques, l'IA contribue à une amélioration significative des résultats cliniques tout en optimisant l'utilisation des ressources médicales limitées [[199], [200]]. On trouve par exemple l'utilisation de l'IA dans l'interprétation des images médicales pour le dépistage de la rétinopathie diabétique. Google Health a développé un système d'IA qui analyse les images de fond d'œil pour détecter cette maladie, qui est l'une des principales causes de cécité chez les patients atteints de diabète. Ce système utilise des algorithmes d'apprentissage profond pour examiner les images rétiniennes, identifiant les signes de rétinopathie diabétique avec une précision qui rivalise ou dépasse celle des ophtalmologistes experts. Dans un article publié dans le Journal of the American Medical Association (JAMA), les chercheurs de Google Health ont démontré que leur système d'IA pouvait détecter la rétinopathie diabétique avec une sensibilité et une spécificité comparables à celles des évaluations humaines [204].

Cependant, l'adoption généralisée de l'IA en santé ne se fait pas sans défis. Les préoccupations éthiques liées à la confidentialité des données, à la responsabilité et à la transparence dans les décisions automatisées sont au premier plan [205]. Garantir la protection des informations médicales sensibles tout en maximisant les avantages de l'IA nécessite une attention particulière aux normes éthiques et aux réglementations. Des solutions telles que la mise en place de protocoles de sécurité robustes, la transparence dans les algorithmes d'IA et la formation éthique des professionnels de la santé sont des étapes cruciales pour surmonter ces préoccupations.

En résumé, l'intégration de l'IA dans le secteur de la santé pour un Développement Durable présente des défis passionnants et des opportunités prometteuses. En abordant la gestion des données de santé et les défis diagnostiques, l'IA offre des solutions qui améliorent l'efficacité opérationnelle, la qualité des soins et la viabilité à long terme du système de santé. Cependant, une adoption réussie nécessite une gestion réfléchie des implications éthiques pour garantir que l'IA contribue de manière équilibrée et responsable au progrès des soins de santé.

3. Cas pratiques

Les cas pratiques illustrant l'efficacité de l'intelligence artificielle (IA) dans les soins de santé abondent, démontrant de manière convaincante les avantages tangibles de cette technologie.

a) La gestion des données de santé

Un cas pratique met en lumière l'efficacité de l'IA dans la gestion des données de santé. Les systèmes d'IA sont capables d'analyser rapidement d'énormes quantités de données provenant de diverses sources, facilitant ainsi la prise de décision des professionnels de la santé. Par exemple, Le système de surveillance CardioWatch d'IBM utilise l'IA pour analyser en temps réel les données des électrocardiogrammes (ECG) des patients hospitalisés. Le système peut détecter des anomalies cardiaques avec une grande précision et alerter immédiatement les médecins et les infirmières [97]. Cela permet une intervention précoce dans les situations critiques, améliorant ainsi la sécurité des patients et réduisant les risques d'événements indésirables [98].

b) La médecine personnalisée

L'intelligence artificielle (IA) bouleverse le paysage de la médecine en ouvrant la voie à des traitements personnalisés, notamment dans le domaine de la médecine génomique. En analysant les profils génétiques individuels, des algorithmes d'IA peuvent prédire la réponse d'un patient à un traitement spécifique, permettant ainsi une approche plus ciblée et personnalisée. Le système d'IA OncoGxOne de Guardant Health est un exemple concret de modèle d'apprentissage automatique pour analyser le profil génétique d'une tumeur et identifier les mutations qui peuvent influencer la réponse au traitement. Cette personnalisation des traitements peut considérablement améliorer l'efficacité des interventions médicales, minimisant les effets secondaires indésirables et optimisant les résultats pour les patients [206].

c) Gestion des épidémies et des pandémies

Les modèles prédictifs basés sur l'IA peuvent analyser les données épidémiologiques en temps réel, anticiper la propagation des maladies et aider les autorités sanitaires à prendre des décisions éclairées en matière de prévention et de contrôle des infections [207]. Un tel exemple a été observé lors de la pandémie de COVID-19, où les modèles d'IA ont contribué à évaluer la propagation du virus, à identifier les points chauds potentiels, et à recommander des stratégies de gestion efficaces [208].

Ces cas pratiques soulignent la polyvalence de l'IA dans les soins de santé, illustrant son potentiel à transformer fondamentalement la prestation des services médicaux. Cependant, il est essentiel de noter que le déploiement réussi de l'IA nécessite une collaboration étroite entre les professionnels de la santé, les ingénieurs en IA et les experts en éthique. L'accent doit être mis sur la transparence, la responsabilité et l'évaluation continue pour garantir que l'IA est utilisée de manière éthique et responsable dans le domaine des soins de santé. Ces exemples concrets ne sont pas seulement des témoignages de réussite, mais aussi des invitations à explorer davantage les possibilités infinies de l'IA pour l'amélioration continue des soins de santé.

4. Considérations éthiques et sociales

L'éthique médicale, s'enracinant dans le code de Hammurabi et structurée autour des quatre principes fondamentaux de non-malfaisance, bienfaisance, respect de l'autonomie et justice établis par Beauchamp et Childress [209], se confronte à de nouveaux défis avec l'intégration de l'IA dans la médecine. Ces défis comprennent des problématiques aussi bien pratiques que méta-éthiques, allant de la protection de la confidentialité des données patient et de l'équité d'accès aux soins, jusqu'à la nécessité de transparence et de responsabilité dans l'application clinique de l'IA.

a) Non-malfaisance

La relation médecin-patient, basée sur la confiance et la vulnérabilité, implique un devoir de non-malfaisance fondamental. Ce principe se répercute sur d'autres piliers éthiques tels que le respect de l'autonomie et la confidentialité des patients.

L'avènement de l'IA dans le domaine médical introduit de nouvelles formes de préjudice potentiel. Il devient donc crucial de réévaluer la notion de dommage pour englober les atteintes physiques, psychologiques, sociales et celles liées à la vie privée.

Si les progrès de l'IA en radiologie et en pathologie promettent une précision et une accessibilité accrues, ils soulèvent également des questions sur le rôle futur des professionnels de santé. Le risque d'une dépendance excessive à ces technologies est réel, soulignant l'importance d'une approche équilibrée pour minimiser les préjudices tout en maximisant les avantages.

b) Changement de paradigme dans le service de santé

L'essor de l'IA dans le domaine médical bouleverse la relation médecin-patient, basée sur la confiance et le respect mutuel. Cette relation est essentielle pour garantir des soins de qualité et respectueux des individualités.

Joseph Weizenbaum, pionnier de l'IA, a mis en garde contre son utilisation dans les domaines nécessitant une profonde empathie. Il craignait que l'IA ne menace l'intimité et la solidarité humaines [210].

L'IA peut être un outil précieux pour améliorer la précision des diagnostics et l'efficacité des traitements, mais elle ne remplace pas l'empathie et le contact humain. Le défi est de trouver un équilibre entre l'exploitation des potentialités de l'IA et la préservation des aspects humains fondamentaux de la médecine.

L'abolition du processus de consultation n'est pas souhaitable. L'interaction et le partage d'expériences entre médecins sont essentiels à l'amélioration continue et au développement scientifique. L'IA ne peut pas reproduire pleinement ces interactions.

La perte de certaines capacités humaines dans le domaine médical est possible, mais elle doit être compensée par le développement de nouvelles compétences. Il est crucial d'anticiper les risques et dommages potentiels avant que l'expertise humaine ne soit totalement évincée.

En résumé, l'IA ne doit pas remplacer les médecins, mais plutôt les assister pour améliorer la qualité des soins.

c) Vie privée et confidentialité

La vie privée et la confidentialité dans le domaine médical sont des concepts complexes qui englobent plusieurs aspects. Il s'agit de protéger les informations personnelles des patients, de préserver leur espace physique et de respecter leurs choix personnels.

Des réglementations existent pour protéger la vie privée des patients, comme le HIPAA aux États-Unis [211] et le RGPD en Europe [212]. Cependant, les violations de confidentialité demeurent un problème fréquent, en particulier avec l'utilisation croissante de l'IA dans la recherche par fouille de données.

L'anonymisation des données peut atténuer certains risques pour la vie privée, mais elle pose également des défis éthiques. Elle peut en effet conduire à la stigmatisation de certains groupes de population et à la découverte d'informations sensibles que les patients n'auraient pas souhaité partager.

L'utilisation de l'IA pour développer des algorithmes et pour l'apprentissage profond soulève également des questions éthiques importantes. Il est essentiel de veiller à ce que ces technologies soient utilisées de manière juste et équitable, et que les êtres humains ne soient pas considérés comme de simples moyens pour une fin.

d) Utiliser les êtres humains comme moyen pour atteindre une fin

Immanuel Kant, fondateur de l'éthique déontologique, a soutenu que les êtres humains doivent toujours être traités comme des fins en soi, et jamais simplement comme des moyens [213]. Cette idée repose sur la valeur intrinsèque des êtres humains, qui découle de leur capacité à raisonner et à découvrir les lois universelles de l'éthique.

Cependant, cette approche est remise en question par des situations où des sacrifices humains sont faits pour de plus grandes causes. Un exemple est la catastrophe de Tchernobyl, où des personnes ont été exposées à des radiations pour sauver d'autres vies [214].

Une perspective kantienne contemporaine admet l'utilisation des êtres humains comme moyen dans certaines conditions où d'autres principes éthiques prévalent [215]. Cependant, cela peut créer un « terrain glissant » où les principes éthiques fondamentaux risquent d'être sous-évalués.

Dans le contexte de l'IA et des découvertes incidentes, les patients peuvent être utilisés comme un moyen pour la collecte de données sans être informés de leur utilisation au-delà de leur propre soin. Cela pose un défi éthique sur l'équilibre entre le principe de bienfaisance et la confidentialité.

L'anonymisation des données peut protéger la vie privée, mais soulève la question de la dignité humaine et du respect des principes éthiques dans la recherche médicale et le développement de systèmes d'IA en santé.

e) Biais des données, risque de préjudice et justice

Le biais des données et l'inégalité d'accès à la technologie constituent des obstacles majeurs à l'application équitable de l'IA en médecine.

Les progrès dans les réseaux neuronaux ont permis à l'IA de traiter des données non structurées, comme les images et les sons, ouvrant la voie à de nombreuses applications en médecine. Cependant, la qualité et la diversité des données utilisées pour entraîner les algorithmes d'IA sont cruciales pour éviter les biais qui peuvent entraîner de graves préjudices médicaux.

Les biais fondés sur l'ethnicité, le genre, l'âge ou d'autres variables peuvent fausser la perception de l'IA, conduisant à des diagnostics erronés et à des traitements inadéquats. De plus, le développement de l'IA en médecine risque d'aggraver les inégalités d'accès aux soins, car les installations avancées dans les pays développés auront accès à ces technologies tandis que les régions reculées ou moins développées en seront privées.

L'évolution des coûts des technologies de santé, bien que tendant à diminuer, les rend encore inaccessibles pour de nombreuses personnes, ce qui aggrave les disparités existantes. L'impact sur les inégalités devrait donc être une préoccupation éthique majeure lors du développement de nouvelles technologies médicales, notamment l'IA.

En outre, l'augmentation des capacités humaines par l'IA soulève des questions éthiques sur la création d'êtres « supérieurs », ce qui pourrait exacerber les problèmes d'équité et de justice sociale.

f) Manque de réglementations législatives

L'utilisation d'algorithmes d'IA pour l'analyse de données sensibles pose des questions sur la protection de la vie privée des patients. Il est impératif de mettre en place des normes strictes de sécurité et de confidentialité pour garantir que les informations médicales ne soient ni compromises ni utilisées de manière inappropriée. De plus, la transparence des algorithmes est essentielle pour permettre aux professionnels de la santé et aux patients de comprendre le raisonnement derrière les recommandations ou les décisions générées par l'IA [205].

L'intégration de l'IA dans les soins de santé exige une réflexion éthique et une responsabilité sociale. Il est crucial de mettre en place des politiques et des réglementations qui protègent la confidentialité des données, garantissent la transparence des algorithmes et favorisent un accès équitable aux avantages de l'IA.

5. Conclusion et avenir

En conclusion, l'intégration de l'intelligence artificielle (IA) dans les soins de santé représente une avancée révolutionnaire avec le potentiel de transformer radicalement la prestation des services médicaux. Nous avons examiné comment l'IA a surmonté des défis critiques tels que la gestion des données de santé et les diagnostics, améliorant l'efficacité opérationnelle, la précision des traitements, et la qualité globale des soins. Les exemples concrets ont illustré comment les algorithmes d'apprentissage automatique peuvent surpasser les capacités humaines dans la détection précoce de maladies, la gestion des données volumineuses et la personnalisation des traitements, ouvrant ainsi la voie à une médecine plus proactive et personnalisée [216].

L'avenir de l'IA dans les soins de santé promet des avancées continues. Il est impératif de renforcer les initiatives visant à établir des normes éthiques robustes, garantissant la confidentialité des données, la transparence des algorithmes, et l'équité dans l'accès aux avantages de l'IA. Les chercheurs et les professionnels de la santé doivent collaborer étroitement pour perfectionner les modèles d'IA, les adapter à des contextes médicaux spécifiques et les intégrer de manière transparente dans les pratiques cliniques.

Les orientations futures pour l'IA dans les soins de santé devraient également inclure un accent accru sur l'éducation et la formation des professionnels de la santé. La compréhension approfondie de l'IA et de son utilisation appropriée est cruciale pour maximiser ses avantages. De plus, des efforts continus doivent être déployés pour sensibiliser le public aux avantages et aux risques de l'IA en santé, favorisant ainsi une adoption informée et une confiance accrue dans ces technologies.

En somme, l'IA dans les soins de santé représente un chapitre passionnant et prometteur de l'évolution médicale. Avec une approche éthique, des partenariats interdisciplinaires et un engagement envers la formation continue, l'avenir offre des possibilités infinies pour améliorer la santé humaine grâce à l'intégration judicieuse de l'IA dans les pratiques médicales quotidiennes.

Avec ce chapitre sur l'IA dans les soins de santé, nous concluons notre exploration des applications pratiques de l'IA pour le Développement Durable. La conclusion générale de l'ouvrage synthétisera les points clés abordés et offrira des perspectives pour l'avenir.

CONCLUSIONS ET RECOMMANDATIONS

1. Synthèse des principales pistes étudiées

L'intégration de l'Intelligence Artificielle (IA) dans les initiatives de Développement Durable offre des opportunités sans précédent pour relever les défis complexes auxquels notre planète est confrontée.

Tout au long de cet ouvrage, nous avons exploré les diverses facettes de cette intégration, en examinant, certes, le potentiel transformateur de l'IA mais aussi les défis et risques qui y sont associés. Dans la première partie, nous avons posé les fondations en introduisant les concepts clés de l'IA et de Développement Durable et en explorant leurs interrelations.

Nous avons également abordé les enjeux transversaux et les perspectives d'avenir de l'IA dans son application au Développement Durable. Nous en avons exploré les considérations éthiques, en soulignant l'importance de la transparence, de la responsabilité et de la protection de la vie privée. Nous avons aussi abordé les implications sociétales de l'IA, telles que les questions d'équité, d'inclusion et d'impact sur l'emploi. Nous avons discuté des risques potentiels associés à l'IA, tels que les biais algorithmiques et la dépendance excessive, et avons proposé des stratégies d'atténuation. Enfin, nous avons exploré les cadres politiques et de gouvernance nécessaires pour garantir une intégration responsable et éthique de l'IA dans le Développement Durable.

La seconde partie a été consacrée à l'exploration des applications sectorielles de l'IA au Développement Durable. Nous avons examiné comment l'IA peut être utilisée pour optimiser la gestion des ressources, pour créer des villes intelligentes et durables, améliorer l'agriculture et la production alimentaire, contribuer à l'atténuation et à l'adaptation au changement climatique, promouvoir l'économie circulaire et soutenir la conservation de la biodiversité, supporter les efforts d'éducation et les services de santé. Des études de cas concrètes ont illustré l'impact tangible de l'IA dans ces domaines. Chacun des chapitres de cette partie s'est conclu par une analyse critique des applications de l'IA.

2. Implications pour les parties-prenantes

Les leçons tirées de cet ouvrage ont des implications potentiellement importantes pour diverses parties-prenantes.

Pour les décideurs politiques, il est essentiel de développer des cadres réglementaires et de gouvernance qui favorisent l'innovation responsable en matière d'IA, tout en protégeant les droits et les intérêts des citoyens. Les politiques doivent être adaptatives et réactives face à l'évolution rapide du paysage technologique.

Pour l'industrie et les entreprises, l'intégration de l'IA offre des opportunités de développer des solutions innovantes qui contribuent au Développement Durable. Cependant, cela s'accompagne de la responsabilité de déployer l'IA de manière éthique et transparente, en accordant une attention particulière aux questions d'équité, de responsabilité et de protection de la vie privée.

Pour les chercheurs et les universitaires qui ont un rôle crucial à jouer dans l'avancement des connaissances sur l'IA pour le Développement Durable, ils doivent s'investir d'urgence dans des recherches interdisciplinaires pour comprendre les implications sociétales, éthiques et environnementales de l'IA ainsi que pour développer des solutions qui répondent aux défis de durabilité.

Pour la société civile et le grand public, il est important de s'engager activement dans les discussions sur l'IA et ses applications au Développement Durable. La sensibilisation et l'éducation du public sont essentielles pour favoriser une compréhension éclairée des enjeux et pour garantir que le développement de l'IA soit aligné sur les valeurs et les préoccupations sociétales.

3. Recommandations

Sur la base des informations collectées et des analyses effectuées à l'occasion de la rédaction de cet ouvrage, nous formulons ici plusieurs recommandations pour façonner un avenir dans lequel l'IA contribue de manière positive au Développement Durable :

a) Investir dans la recherche et l'innovation responsables

Il est essentiel de soutenir la **recherche interdisciplinaire** qui examine les implications de l'IA pour le Développement Durable. Les financements devraient privilégier les projets qui intègrent des considérations éthiques et sociétales, et ce, dès le stade de leur conception.

b) Développer des cadres politiques et de gouvernance adaptatifs

Les décideurs politiques doivent élaborer des **cadres réglementaires flexibles** qui peuvent s'adapter à l'évolution rapide de l'IA. Ces cadres doivent trouver un équilibre entre la promotion de l'innovation et la protection des droits et valeurs fondamentaux.

c) Promouvoir la collaboration multipartite

Encourager la collaboration entre les gouvernements, l'industrie, le monde universitaire et la société civile. Cette **approche participative** augmente significativement les chances de voir les diverses perspectives prises en compte dans le développement et le déploiement de l'IA au profit du Développement Durable.

d) Donner la priorité à l'équité et à l'inclusion

S'attaquer activement aux **questions de biais et de discrimination** dans les systèmes d'IA. Veiller à ce que les avantages de l'IA soient accessibles et profitent à l'ensemble de la société, en accordant une attention particulière aux communautés marginalisées.

e) Renforcer les capacités en IA et l'éducation à son application aux ODD

Investir dans le **développement des compétences** en IA et promouvoir la **littératie numérique**. Intégrer l'éthique de l'IA et les compétences en matière de durabilité dans **les programmes éducatifs** pour préparer les acteurs du futur.

f) Encourager la transparence et la responsabilité

Promouvoir des pratiques transparentes dans le développement et le déploiement de l'IA, comme la **publication des codes sources** et la réalisation d'**audits algorithmiques**. Établir des **mécanismes clairs de responsabilité** en cas de conséquences préjudiciables.

g) Favoriser la coopération internationale

Les défis du Développement Durable transcendent les frontières. Une coopération internationale est essentielle pour **partager les**

meilleures pratiques, développer des normes communes et coordonner les efforts en matière d'IA et de durabilité.

L'IA présente un potentiel immense pour faire progresser les Objectifs de Développement Durable. Cependant, il est crucial que son développement et son déploiement soient guidés par des **principes éthiques, une gouvernance responsable et une vision centrée sur l'humain**.

En tirant parti de la puissance de l'IA, de manière réfléchie et responsable, nous pouvons façonner **un avenir dans lequel l'innovation technologique et la durabilité se conjuguent harmonieusement pour le bien de l'humanité et de la planète**.

C'est un défi que nous devons relever collectivement, avec détermination, à travers une collaboration transnationale et un engagement indéfectible en faveur d'un monde plus durable et équitable.

RÉFÉRENCES

[1] A. Belatik, A. Belatik, M. Deschamps, and R. Ettaai, *DÉVELOPPEMENT DURABLE Aperçu, histoire, défis et perspectives d'avenir*, Perspectives. Turritopsis Editions, 2023.

[2] S. J. Russell and P. Norvig, *Artificial Intelligence: A Modern Approach*, 4th ed. Pearson, 2020.

[3] M. Negnevitsky, *Artificial Intelligence: A Guide to Intelligent Systems*. Pearson, 2021.

[4] A. Kuzior, A. Kwilinski, and V. Tkachenko, "Sustainable development of organizations based on the combinatorial model of artificial intelligence," *Entrepreneurship and Sustainability Issues*, vol. 7, no. 2, p. 1353, 2019.

[5] W. Leal Filho *et al.*, "Deploying digitalisation and Artificial Intelligence in sustainable development research," *Environment, Development and Sustainability*, vol. 25, no. 6, pp. 4957–4988, 2023.

[6] D. Mhlanga, "Artificial intelligence in the industry 4.0, and its impact on poverty, innovation, infrastructure development, and the sustainable development goals: Lessons from emerging economies?," *Sustainability*, vol. 13, no. 11, p. 5788, 2021.

[7] M. A. Goralski and T. K. Tan, "Artificial intelligence and sustainable development," *The International Journal of Management Education*, vol. 18, no. 1, p. 100330, 2020.

[8] R. Vinuesa *et al.*, "The role of artificial intelligence in achieving the Sustainable Development Goals," *Nature communications*, vol. 11, no. 1, pp. 1–10, 2020.

[9] N. Piskulova and V. I. Danilov-Danilyan, *The New Challenges of Sustainable Development for Russia and the World*. Cambridge Scholars Publishing, 2018.

[10] M. Verma, *Sustainable Development Management: Concepts Issues and Challenges*. SOUTH INDIA MERCHANTS BOO, 2019.

[11] S. Shukla Shubhendu and J. Vijay, "Applicability of Artificial Intelligence in Different Fields of Life," *International Journal of Scientific Engineering and Research*, vol. 1, no. 1, pp. 28–35, 2013.

[12] A. C. Şerban and M. D. Lytras, "Artificial intelligence for smart renewable energy sector in europe—smart energy infrastructures for next generation smart cities," *IEEE Access*, vol. 8, pp. 77364–77377, 2020.

[13] T. Yigitcanlar *et al.*, "Artificial Intelligence Technologies and Related Urban Planning and Development Concepts: How Are They Perceived and Utilized in Australia?," *Journal of Open Innovation: Technology, Market and Complexity*, vol. 6, no. 4, p. 187, 2020.

[14] Y. K. Dwivedi *et al.*, "Artificial Intelligence (AI): Multidisciplinary perspectives on emerging challenges, opportunities, and

agenda for research, practice and policy," *International Journal of Information Management*, vol. 57, p. 101994, 2021.

[15] P. Barnes and T. Hoerber, Eds., *Sustainable Development and Governance in Europe: The Evolution of the Discourse on Sustainability*. Routledge, 2013.

[16] B. R. Conard, "Some Challenges to Sustainability," *Sustainability*, vol. 5, no. 8, pp. 3368–3381, 2013.

[17] N. Patwa, U. Sivarajah, A. Seetharaman, S. Sarkar, K. Maiti, and K. Hingorani, "Towards a circular economy: An emerging economies context," *Journal of Business Research*, vol. 122, pp. 725–735, 2021.

[18] A. Maiurova *et al.*, "Promoting digital transformation in waste collection service and waste recycling in Moscow (Russia): Applying a circular economy paradigm to mitigate environmental climate change impacts," *Journal of Cleaner Production*, vol. 354, p. 131604, 2022.

[19] M. J. Cohen, *The Future of Consumer Society: Prospects for Sustainability in the New Economy*. Oxford University Press, 2017.

[20] J. Meadowcroft, O. Langhelle, and A. Ruud, *Governance, Democracy and Sustainable Development: Moving Beyond the Deadlock*. Edward Elgar Pub, 2014.

[21] G. Baxter, P. Srisaeng, and G. Wild, "Sustainable airport energy management: The case of Copenhagen Airport," *Resources*, vol. 7, no. 2, p. 32, 2018.

[22] D. Jin, R. Ocone, K. Jiao, and J. Xuan, "Energy and AI," *Energy and AI*, vol. 100002, 2020.

[23] M. Doshi and A. Varghese, "Smart agriculture using renewable energy and IoT powered by AI," in *AI, Edge Computing-Based Smart Agriculture and IoT*, Academic Press, 2022, pp. 205–225.

[24] H. Bhardwaj, P. Tomar, A. Sakalle, and U. Sharma, "Artificial intelligence and its applications in agriculture with future smart farming techniques," in *Artificial Intelligence and IoT-Based Technologies for Sustainable Farming and Smart Agriculture*, IGI Global, 2021, pp. 25–39.

[25] N. Efremova, J. C. Foley, A. Unagaev, and R. Karimi, "AI for sustainable agriculture and pastureland monitoring," in *The Ethics of Artificial Intelligence for the Sustainable Development Goals*, Cham: Springer International Publishing, 2023, pp. 399–422.

[26] L. Gaur, A. Afaq, G. K. Arora, and N. Khan, "Artificial intelligence for carbon emission using system of systems theory," *Ecological Informatics*, vol. 102165, 2023.

[27] F. Zhang, Q. Qiao, J. Wang, and P. Liu, "AI-based data-driven emergency planning in process industry," *Journal of Loss Prevention in the Process Industries*, vol. 76, p. 104740, 2022.

[28] A. Goudarzi, Y. Li, and J. Xiang, "Efficient energy management of renewable resources in microgrids," in *Renewable Energy Microgeneration Systems*, Academic Press, 2021, pp. 285–321.

[29] F. Cugurullo, "Urban artificial intelligence: From automation to autonomy in the smart city," *Frontiers in Sustainable Cities*, vol. 2, p. 38, 2020.

[30] R. Abduljabbar, H. Dia, S. Liyanage, and S. A. Bagloee, "Applications of artificial intelligence in transport: An overview," *Sustainability*, vol. 11, no. 1, p. 189, 2019.

[31] S. Macekura, *Of Limits and Growth: The Rise of Global Sustainable Development in the Twentieth Century*. Cambridge University Press, 2015.

[32] J. Truby, "Governing Artificial Intelligence to benefit the UN Sustainable Development Goals," *Sustainable Development*, vol. 28, no. 4, pp. 946–959, 2020.

[33] B. Lepri, N. Oliver, E. Letouzé, A. Pentland, and P. Vinck, "Fair, transparent, and accountable algorithmic decision-making processes," *Philosophy & Technology*, vol. 31, no. 4, pp. 611–627, 2018, doi: 10.1007/s13347-017-0279-x.

[34] A. Wynsberghe, "Sustainable AI: AI for sustainability and the sustainability of AI," *AI and Ethics*, vol. 1, no. 3, pp. 213–218, 2021.

[35] R. Mühlhoff, "Human-aided artificial intelligence: Or, how to run large computations in human brains? Toward a media sociology of machine learning," *New Media & Society*, vol. 22, no. 10, pp. 1868–1884, 2020, doi: 10.1177/1461444819885334.

[36] L. Floridi *et al.*, "AI4People—An ethical framework for a good AI society: Opportunities, risks, principles, and recommendations," *Minds and Machines*, vol. 28, no. 4, pp. 689–707, 2018, doi: 10.1007/s11023-018-9482-5.

[37] S. Zuboff, *The age of surveillance capitalism: The fight for a human future at the new frontier of power*. Profile Books, 2019.

[38] A. Jobin, M. Ienca, and E. Vayena, “The global landscape of AI ethics guidelines,” *Nature Machine Intelligence*, vol. 1, no. 9, pp. 389–399, 2019, doi: 10.1038/s42256-019-0088-2.

[39] B. Mittelstadt, “Principles alone cannot guarantee ethical AI,” *Nature Machine Intelligence*, vol. 1, no. 11, pp. 501–507, 2019, doi: 10.1038/s42256-019-0114-4.

[40] M. M. Mabkhot, P. Ferreira, A. Maffei, P. Podržaj, and M. Mądziel, “Toward an ecosystem for democratizing AI for SMEs: Literature review, challenges and research agenda,” *Journal of Manufacturing Systems*, vol. 62, pp. 746–759, 2022, doi: 10.1016/j.jmsy.2021.12.013.

[41] E. Dobrolyubova, O. Alexandrov, and A. Yefremov, “Measuring Inclusion in the Age of AI: Policy Challenges and Solutions,” in *Artificial Intelligence for Sustainable Development: Theory, Practice and Future Applications*, Cham: Springer, 2021, pp. 103–122. doi: 10.1007/978-3-030-51920-9_6.

[42] K. Katyal, “Private Accountability in the Age of Artificial Intelligence,” *UCLA Law Review*, vol. 66, no. 1, pp. 54–141, 2019.

[43] D. Acemoglu and P. Restrepo, “Artificial Intelligence, Automation, and Work,” in *The Economics of Artificial Intelligence: An Agenda*, University of Chicago Press, 2018, pp. 197–236. doi: 10.7208/chicago/9780226613475.003.0008.

[44] P. Cihon, *Standards for AI governance: international standards to enable global coordination in AI research & development*. Future of Humanity Institute, University of

Oxford, 2019. [Online]. Available: https://www.fhi.ox.ac.uk/wp-content/uploads/Standards_-FHI-Technical-Report.pdf

[45] M. R. Frank *et al.*, "Toward understanding the impact of artificial intelligence on labor," *Proceedings of the National Academy of Sciences*, vol. 116, no. 14, pp. 6531–6539, 2019, doi: 10.1073/pnas.1900949116.

[46] A. Korinek and J. E. Stiglitz, "Artificial Intelligence and Its Implications for Income Distribution and Unemployment," in *The Economics of Artificial Intelligence: An Agenda*, University of Chicago Press, 2019, pp. 349–390. doi: 10.7208/chicago/9780226613475.003.0014.

[47] C. B. Frey, *The technology trap: Capital, labor, and power in the age of automation*. Princeton University Press, 2019. [Online]. Available: https://press.princeton.edu/books/hardcover/9780691172798/the-technology-trap

[48] J. Manyika *et al.*, *Jobs lost, jobs gained: Workforce transitions in a time of automation*. McKinsey Global Institute, 2017. [Online]. Available: https://www.mckinsey.com/~/media/mckinsey/featured%20insights/Future%20of%20Organizations/What%20the%20future%20of%20work%20will%20mean%20for%20jobs%20skills%20and%20wages/MGI-Jobs-Lost-Jobs-Gained-Report-December-6-2017.ashx

[49] R. Schwartz, J. Dodge, N. A. Smith, and O. Etzioni, "Green AI," *Communications of the ACM*, vol. 63, no. 12, pp. 54–63, 2020, doi: 10.1145/3381831.

[50] V. Sze, Y. H. Chen, T. J. Yang, and J. S. Emer, "Efficient processing of deep neural networks: A tutorial and survey," *Proceedings of the IEEE*, vol. 105, no. 12, pp. 2295–2329, 2017, doi: 10.1109/JPROC.2017.2761740.

[51] A. Gholami *et al.*, "SqueezeNext: Hardware-aware neural network design," in *Proceedings of the IEEE/CVF Conference on Computer Vision and Pattern Recognition Workshops*, 2018, pp. 1638–1647. doi: 10.1109/CVPRW.2018.00203.

[52] D. Amodei and D. Hernandez, "AI and compute. OpenAI." 2018. [Online]. Available: https://openai.com/blog/ai-and-compute/

[53] P. Henderson, J. Hu, J. Romoff, E. Brunskill, D. Jurafsky, and J. Pineau, "Towards the systematic reporting of the energy and carbon footprints of machine learning," *Journal of Machine Learning Research*, vol. 21, no. 248, pp. 1–43, 2020.

[54] E. Strubell, A. Ganesh, and A. McCallum, "Energy and policy considerations for deep learning in NLP," in *Proceedings of the 57th Annual Meeting of the Association for Computational Linguistics*, 2019, pp. 3645–3650. doi: 10.18653/v1/P19-1355.

[55] M. Al-Rubaie and J. M. Chang, "Privacy-preserving machine learning: Threats and solutions," *IEEE Security & Privacy*, vol. 17, no. 2, pp. 49–58, 2019, doi: 10.1109/MSEC.2018.2888775.

[56] G. D. P. Regulation, "General Data Protection Regulation (GDPR)," *Official Journal of the European Union*, vol. L119, pp. 1–88, 2018.

[57] C. Dwork and A. Roth, "The algorithmic foundations of differential privacy," *Foundations and Trends in Theoretical Computer Science*, vol. 9, no. 3–4, pp. 211–407, 2014, doi: 10.1561/0400000042.

[58] A.I., "Governance: A Holistic Approach to Implement Ethics into AI." 2019. [Online]. Available: https://www.weforum.org/whitepapers/ai-governance-a-holistic-approach-to-implement-ethics-into-ai/

[59] N. Mehrabi, F. Morstatter, N. Saxena, K. Lerman, and A. Galstyan, "A survey on bias and fairness in machine learning," *ACM Computing Surveys (CSUR*, vol. 54, no. 6, pp. 1–35, 2022, doi: 10.1145/3457607.

[60] J. Fjeld, N. Achten, H. Hilligoss, A. Nagy, and M. Srikumar, *Principled artificial intelligence: Mapping consensus in ethical and rights-based approaches to principles for AI*. Berkman Klein Center Research Publication, 2020. doi: 10.2139/ssrn.3518482.

[61] T. Bolukbasi, K. W. Chang, J. Y. Zou, V. Saligrama, and A. T. Kalai, "Man is to computer programmer as woman is to homemaker? Debiasing word embeddings," in *Advances in Neural Information Processing Systems*, 2016, pp. 4349–4357. [Online]. Available: https://proceedings.neurips.cc/paper/2016/file/a486cd07e4ac3d270571622f4f316ec5-Paper.pdf

[62] "Datasheets for datasets," *Communications of the ACM*, vol. 64, no. 12, pp. 86–92, 2021, doi: 10.1145/3458723.

[63] M. Mitchell *et al.*, "Model cards for model reporting," in *Proceedings of the conference on fairness, accountability, and*

transparency, 2019, pp. 220–229. doi: 10.1145/3287560.3287596.

[64] M. B. Zafar, I. Valera, M. Gomez Rodriguez, and K. P. Gummadi, “Fairness beyond disparate treatment & disparate impact: Learning classification without disparate mistreatment,” in *Proceedings of the 26th International Conference on World Wide Web*, 2017, pp. 1171–1180. doi: 10.1145/3038912.3052660.

[65] F. Doshi-Velez and B. Kim, “Towards a rigorous science of interpretable machine learning.” 2017. doi: https://arxiv.org/abs/1702.08608.

[66] M. T. Ribeiro, S. Singh, and C. Guestrin, “Why should i trust you?" Explaining the predictions of any classifier,” in *Proceedings of the 22nd ACM SIGKDD international conference on knowledge discovery and data mining*, 2016, pp. 1135–1144. doi: 10.1145/2939672.2939778.

[67] S. Barocas, M. Hardt, and A. Narayanan, *Fairness in machine learning*. NIPS Tutorial, 2017. [Online]. Available: https://fairmlbook.org/

[68] S. M. West, M. Whittaker, and K. Crawford, *Discriminating systems: Gender, race and power in AI*. AI Now Institute, 2019. [Online]. Available: https://ainowinstitute.org/discriminatingsystems.pdf

[69] D. Amodei, C. Olah, J. Steinhardt, P. Christiano, J. Schulman, and D. Mané, “Concrete problems in AI safety.” 2016. [Online]. Available: https://arxiv.org/abs/1606.06565

[70] N. Papernot, P. McDaniel, I. Goodfellow, S. Jha, Z. B. Celik, and A. Swami, "Practical black-box attacks against machine learning," in *Proceedings of the 2017 ACM on Asia conference on computer and communications security*, 2017, pp. 506–519. doi: 10.1145/3052973.3053009.

[71] I. J. Goodfellow, J. Shlens, and C. Szegedy, "Explaining and harnessing adversarial examples." 2014. doi: https://arxiv.org/abs/1412.6572.

[72] A. Madry, A. Makelov, L. Schmidt, D. Tsipras, and A. Vladu, "Towards deep learning models resistant to adversarial attacks," in *International Conference on Learning Representations*, 2018. [Online]. Available: https://openreview.net/forum?id=rJzIBfZAb

[73] B. Shneiderman, "Human-centered artificial intelligence: Three fresh ideas," *AIS Transactions on Human-Computer Interaction*, vol. 12, no. 3, pp. 109–124, 2020, doi: 10.17705/1thci.00131.

[74] M. Brundage *et al.*, "The malicious use of artificial intelligence: Forecasting, prevention, and mitigation." 2018. doi: https://arxiv.org/abs/1802.07228.

[75] Bostrom, N., *Superintelligence: Paths, Dangers, Strategies.* Oxford University Press, 2014.

[76] N. Bostrom, "Existential Risk Prevention as Global Priority," *Global Policy*, vol. 4, no. 1, pp. 15–31, Feb. 2013, doi: 10.1111/1758-5899.12002.

[77] S. Russell, D. Dewey, and M. Tegmark, "Research Priorities for Robust and Beneficial Artificial Intelligence," *AI Magazine*,

vol. 36, no. 4, pp. 105–114, Dec. 2015, doi: 10.1609/aimag.v36i4.2577.

[78] Soares, N., & Fallenstein, B., “Aligning superintelligence with human interests: A technical research agenda.,” Machine Intelligence Research Institute, 2014.

[79] D. Hadfield-Menell, A. Dragan, P. Abbeel, and S. Russell, “Cooperative Inverse Reinforcement Learning,” Feb. 17, 2024, *arXiv*: arXiv:1606.03137. Accessed: May 16, 2024. [Online]. Available: http://arxiv.org/abs/1606.03137

[80] O.C.D.E., “Recommandation du Conseil sur l’intelligence artificielle.” 2019. [Online]. Available: https://legalinstruments.oecd.org/fr/instruments/OECD-LEGAL-0449

[81] N. Unies, “Transformer notre monde : le Programme de développement durable à l’horizon 2030.” 2015. [Online]. Available: https://www.un.org/ga/search/view_doc.asp?symbol=A/RES/70/1&Lang=F

[82] G. Canada, “Stratégie pancanadienne en matière d’intelligence artificielle.” 2019. [Online]. Available: https://www.canada.ca/fr/innovation-sciences-developpement-economique/nouvelles/2019/05/strategie-pancanadienne-en-matiere-dintelligence-artificielle.html

[83] N. I. T. I. Aayog, “National Strategy for Artificial Intelligence #AIForAll.” 2018. [Online]. Available: https://niti.gov.in/national-strategy-artificial-intelligence

[84] C. européenne, “Proposition de règlement du Parlement européen et du Conseil établissant des règles harmonisées concernant l’intelligence artificielle (législation sur l’intelligence artificielle) et modifiant certains actes législatifs de l’Union.” 2021. [Online]. Available: https://eur-lex.europa.eu/legal-content/FR/TXT/?uri=CELEX%3A52021PC0206

[85] F. Life Institute, “Asilomar AI Principles.” 2017. [Online]. Available: https://futureoflife.org/ai-principles/

[86] G.P.A.I., “The Global Partnership on Artificial Intelligence.” 2020. [Online]. Available: https://gpai.ai/

[87] W. Wallach and G. E. Marchant, “Toward the Agile and Comprehensive International Governance of AI and Robotics,” *Proceedings of the IEEE*, vol. 107, no. 3, pp. 505–508, 2019, doi: 10.1109/JPROC.2019.2899422.

[88] I.E.E.E., “Ethically Aligned Design: A Vision for Prioritizing Human Well-being with Autonomous and Intelligent Systems.” 2019. [Online]. Available: https://standards.ieee.org/content/ieee-standards/en/industry-connections/ec/autonomous-systems.html

[89] I. D. Raji *et al.*, “Closing the AI accountability gap: Defining an end-to-end framework for internal algorithmic auditing,” in *Proceedings of the 2020 Conference on Fairness, Accountability, and Transparency*, 2020, pp. 33–44. doi: 10.1145/3351095.3372873.

[90] D. Rolnick *et al.*, "Tackling climate change with machine learning." 2019. [Online]. Available: https://arxiv.org/abs/1906.05433

[91] A. Segal, K. Gal, E. Kamar, E. Horvitz, and G. Miller, "Optimizing interventions via offline policy evaluation: Studies in citizen science," in *Proceedings of the AAAI Conference on Artificial Intelligence*, 2019, pp. 2367–2373. doi: 10.1609/aaai.v33i01.33012367.

[92] L. Floridi, J. Cowls, T. C. King, and M. Taddeo, "How to design AI for social good: Seven essential factors," *Science and Engineering Ethics*, vol. 26, no. 3, pp. 1771–1796, 2020, doi: 10.1007/s11948-020-00213-5.

[93] N. Crampton, "Microsoft On the Issues.," Microsoft's framework for building AI systems responsibly. Accessed: Feb. 08, 2024. [Online]. Available: https://blogs.microsoft.com/on-the-issues/2022/06/21/microsofts-framework-for-building-ai-systems-responsibly/

[94] A. Boudi, M. Bagaa, P. Pöyhönen, T. Taleb, and H. Flinck, "AI-based resource management in a native cloud beyond 5G environment," *IEEE Network*, vol. 35, no. 2, pp. 128–135, 2021.

[95] X. Xiang, Q. Li, S. Khan, and O. I. Khalaf, "Urban water resource management for sustainable environment planning using artificial intelligence techniques," *Environmental Impact Assessment Review*, vol. 86, p. 106515, 2021.

[96] J. Huang and D. D. Koroteev, "Artificial intelligence for energy management and waste planning," *Sustainable Energy Technologies and Assessments*, vol. 47, p. 101426, 2021.

[97] R. Nazir Ahmed Kazi and M. Kolhar, "Smart Cardio Forecasting System for Patients with Cardiovascular Diseases Who Live Alone," *Computers, Materials & Continua*, vol. 66, no. 2, pp. 1237–1250, 2021.

[98] H. S. L. Jim *et al.*, "Innovations in research and clinical care using patient-generated health data," *CA: A Cancer Journal for Clinicians*, vol. 70, no. 3, pp. 182–199, 2020.

[99] I. P. L. Thomaz, C. F. Mahler, and L. P. Calôba, "Artificial intelligence (AI) applied to waste management: A contingency measure to compensate for the lack of information resulting from restrictions on field sampling," *Waste Management Bulletin*, 2023.

[100] Yu, K., Zhang, Y., Li, D., Montenegro-Marín, C., & Kumar, P., "Environmental planning based on reduce, reuse, recycle and recover using artificial intelligence.," *Environmental Impact Assessment Review*, no. 86, 2021, doi: https://doi.org/10.1016/j.eiar.2020.106492.

[101] S. Garrido-Muñoz, "Smart Water Management in Barcelona," 2021. [Online]. Available: https://www.smartcitylab.com/blog/urban-environment/smart-water-management-in-barcelona/

[102] J. Constine, "Afresh raises $12 million Series A to reduce food waste with AI," 2020. [Online]. Available: Available: https://techcrunch.com/2020/09/16/afresh-series-a/

[103] M. Abdallah, M. A. Talib, S. Feroz, Q. Nasir, H. Abdalla, and B. Mahfood, "Artificial intelligence applications in solid waste management: A systematic research review," *Waste Management*, vol. 109, pp. 231–246, 2020.

[104] P. J. Borges, J. A. Izquierdo, A. Pechmann, T. Bauer, and M. Herrera, "Artificial intelligence for a smart city: State of the art and future trends," *Sustainable Cities and Society*, vol. 76, p. 103468, 2022.

[105] S. M. Zahraei, J. H. Kurniawan, and L. Cheah, "A prospective study on urban mobility: Singapore in 2040," *Foresight*, vol. 22, no. 1, pp. 37–52, 2020.

[106] N. Shukla, S. Mukherjee, and S. Rajput, "Intelligent traffic management system: A comprehensive review," *IET Intelligent Transport Systems*, vol. 15, no. 10, pp. 1248–1271, 2021.

[107] G. Nguyen *et al.*, "Machine learning and deep learning frameworks and libraries for large-scale data mining: a survey," *Artificial Intelligence Review*, vol. 52, no. 1, pp. 77–124, 2019.

[108] R. Zhang, A. Ishikawa, W. Wang, B. Striner, and O. K. Tonguz, "Using Reinforcement Learning With Partial Vehicle Detection for Intelligent Traffic Signal Control," *IEEE Trans. Intell. Transport. Syst.*, vol. 22, no. 1, pp. 404–415, Jan. 2021, doi: 10.1109/TITS.2019.2958859.

[109] T. Ahmad *et al.*, "Artificial intelligence in sustainable energy systems: A review," *Renewable and Sustainable Energy Reviews*, vol. 135, p. 110080, 2021.

[110] S. C. Bhattacharyya and D. Palit, *Mini-grid based off-grid electrification to enhance electricity access in developing countries*. Cham: Springer, 2017.

[111] G. Yadav, S. Luthra, D. Huisingh, S. Kumar Mangla, and E. Rushil Yadav, “Artificial intelligence for sustainable solid waste management: An innovative approach to enable a circular economy transition,” *Journal of Cleaner Production*, vol. 341, p. 130979, 2022.

[112] H. Sahni, H. Sharma, and P. Mathur, “Artificial Intelligence for Solid Waste Management,” in *Handbook of Solid Waste Management*, Singapore: Springer, 2022, pp. 701–719.

[113] J. Zeng, S. Huang, S. Su, and Q. Wang, “An artificial intelligence-driven decisional paradigm for intelligent municipal solid waste management,” *Sustainable Energy Technologies and Assessments*, vol. 52, p. 102224, 2022.

[114] X. Bai, J. Sarkis, H. Safikhani, and Q. Zhu, “Artificial intelligence and machine learning applications for sustainable development: Implications for the operations management field,” *International Journal of Production Economics*, vol. 251, p. 108598, 2022.

[115] J. Guo, B. Li, and K. Peng, “A review of artificial intelligence applications for urban planning and management,” *Journal of Urban Management*, vol. 10, no. 3, pp. 251–265, 2021.

[116] Z. Allam and Z. A. Dhunny, “On big data, artificial intelligence and smart cities,” *Cities*, vol. 89, pp. 80–91, 2019.

[117] T. Yigitcanlar, R. Mehmood, and J. M. Corchado, “Green artificial intelligence: Towards an efficient, sustainable and

equitable technology for smart cities and futures," *Sustainability*, vol. 13, no. 16, p. 8952, 2021.

[118] Y. Li, W. Jiang, L. Yang, and T. Wu, "On neural networks and learning systems for business computing," *Neurocomputing*, vol. 275, pp. 1150–1159, 2018.

[119] G. Tripathi, M. A. Ahad, and S. Paiva, "S2HS- a blockchain based approach for sustainable healthcare using Ethereum smart contract," in *Proceedings of the 34th International ECMS Conference on Modelling and Simulation, ECMS*, 2020.

[120] O. J. Ajayi *et al.*, "Artificial Intelligence for Urban Sustainability: A Review," *Sustainability*, vol. 14, no. 7, p. 4075, 2022.

[121] R. M. Soe, "Artificial intelligence in smart cities: Privacy, trust, transparency and explainable AI," in *Artificial Intelligence for Smart Cities*, Cham: Springer, 2021, pp. 111–140.

[122] P. Varakantham, A. Perrault, J. Daudelin, A. Millard-Ball, and G. Au, "Artificial Intelligence for Sustainable Urban Mobility," *Proceedings of the National Academy of Sciences*, vol. 119, no. 33, p. 2203334119, 2022.

[123] A. Moradi and E. Vagnoni, "A multi-level perspective analysis of urban mobility system dynamics: What are the future transition pathways?," *Technological Forecasting and Social Change*, vol. 162, p. 120391, 2021.

[124] L. H. Kaack, P. L. Donti, E. Strubell, G. Kamiya, F. Creutzig, and D. Rolnick, "Aligning artificial intelligence with climate change mitigation," *Nature Climate Change*, vol. 12, no. 6, pp. 518–527, 2022.

[125] D. Zhu, C. Cai, T. Yang, and X. Zhou, “A Machine Learning Approach for Air Quality Prediction: Model Regularization and Optimization,” *BDCC*, vol. 2, no. 1, p. 5, Feb. 2018, doi: 10.3390/bdcc2010005.

[126] J. Shah, J. Kothari, and N. Doshi, “A Survey of Smart City infrastructure via Case study on New York,” *Procedia Computer Science*, vol. 160, pp. 702–705, 2019, doi: 10.1016/j.procs.2019.11.024.

[127] S. S. Reddy and R. K. Yedavalli, “Ethical considerations in the development and deployment of artificial intelligence in smart cities,” *AI and Ethics*, vol. 2, no. 3, pp. 511–527, 2022.

[128] J. Laufs, H. Borrion, and B. Bradford, “Security and the smart city: A systematic review,” *Sustainable Cities and Society*, vol. 55, p. 102023, 2020.

[129] K. T. Chui, M. D. Lytras, and A. Visvizi, “Energy sustainability in smart cities: Artificial intelligence, smart monitoring, and optimization of energy consumption,” *Energies*, vol. 11, no. 11, p. 2869, 2018.

[130] M. Acuto, K. Steenmans, E. Iwaszuk, and L. Ortega-Garza, “Informing urban governance? Boundary-spanning organisations and the ecosystem of urban data,” *Area*, vol. 51, no. 1, pp. 94–103, 2019.

[131] T. Li, A. K. Sahu, A. Talwalkar, and V. Smith, “Federated Learning: Challenges, Methods, and Future Directions,” *IEEE Signal Process. Mag.*, vol. 37, no. 3, pp. 50–60, May 2020, doi: 10.1109/MSP.2020.2975749.

[132] N. C. Eli-Chukwu, "Applications of Artificial Intelligence in Agriculture: A Review," *International Journal of Agricultural Science and Engineering Research*, vol. 9, no. 4, 2019.

[133] P. Shankar, N. Werner, S. Selinger, and O. Janssen, "AI-based crop protection optimization for sustainable agriculture," in *2020 International Conference on Artificial Intelligence for Good (AI4G*, IEEE, 2020, pp. 1–6.

[134] P. Thatipelli and R. Sujatha, "Intelligent agri-robot with real-time data analysis using IBM Watson cloud platform," in *Advances in Clean Energy Technologies: Select Proceedings of ICET 2020*, Springer Singapore, 2021, pp. 415–427.

[135] N. Kumari, S. Pandey, A. K. Pandey, and M. Banerjee, "Role of Artificial Intelligence in Municipal Solid Waste Management," *British Journal of Multidisciplinary and Advanced Studies*, vol. 4, no. 3, pp. 5–13, 2023.

[136] J. Nie, Y. Wang, Y. Li, and X. Chao, "Artificial intelligence and digital twins in sustainable agriculture and forestry: A survey," *Turkish Journal of Agriculture and Forestry*, vol. 46, no. 5, pp. 642–661, 2022.

[137] Y. M. Khan and S. Kumar, "Applications of Artificial Intelligence in Agriculture." 2021.

[138] S. Y. Liu, "Artificial Intelligence (AI) in Agriculture," *IT Professional*, vol. 22, no. 3, pp. 14–15, 2020.

[139] HUB Institute, "La météorologie se marie à l'IA pour aider l'agriculture à produire mieux avec moins." Accessed: Feb. 08, 2024. [Online]. Available: https://www.hubinstitute.com/articles/la-meteorologie-se-

marie-a-lia-pour-aider-lagriculture-a-produire-mieux-avec-moins

[140] A. Yeshe, P. Gourkhede, and P. Vaidya, *Blue River Technology: Futuristic Approach of Precision Farming*. Just agriculture: Punjab, 2022.

[141] A. A. Adeniji, K. E. Jack, M. K. Idris, S. S. Oyewobi, H. Musa, and A. O. Oyelami, “Deployment of an Artificially Intelligent Robot for Weed Management in Leguminous Crop Plantations,” *ABUAD Journal of Engineering Research and Development*, vol. 6, no. 2, pp. 28–38, 2023.

[142] R. Abundant, “Harvesting Robot.” Accessed: May 21, 2024. [Online]. Available: https://waxinvest.com/projects/abundant-robots/

[143] Fermes Leader, *Innovation - Surveillez vos cultures et intervenez à distance grâce aux drones agricoles*. Accessed: May 21, 2024. [Online]. Available: https://reseau.fermesleader.com/innovation/drone/

[144] Lobell et al., “Predicting crop yields,” *Nature*, no. 15725, 2015.

[145] M. Javaid, A. Haleem, I. H. Khan, and R. Suman, “Understanding the potential Applications of Artificial Intelligence in the Agriculture Sector,” *Advanced Agrochem*, vol. 2, no. 1, pp. 15–30, 2023.

[146] A. Mosavi, F. Sajedi-Hosseini, and P. Ozturk, “Applications of artificial intelligence in mitigating climate change: A systematic review,” *Science of The Total Environment*, vol. 868, p. 161666, 2023.

[147] Y. Guo, H. Cao, and H. Zhao, "Artificial intelligence in renewable energy systems: A review," *Renewable and Sustainable Energy Reviews*, vol. 169, p. 112964, 2022.

[148] J. J. Buonocore *et al.*, "Metrics for the sustainable development goals: Renewable energy and transportation," *Palgrave Communications*, vol. 8, no. 1, p. 176, 2022.

[149] X. Zhu, Z. Xiao, M. C. Dong, and Y. Zhang, "Research on sustainable development and governance of artificial intelligence," *Sustainability*, vol. 14, no. 5, p. 2916, 2022.

[150] H. S. Munawar, A. W. Hammad, S. T. Waller, M. J. Thaheem, and A. Shrestha, "An integrated approach for post-disaster flood management using state-of-the-art technologies and UAV: A review," *Sustainability*, vol. 13, no. 14, p. 7925, 2021.

[151] Sundar Pichai, "Our third decade of climate action: Realizing a carbon-free future," Our third decade of climate action: Realizing a carbon-free future. Accessed: Oct. 08, 2024. [Online]. Available: https://blog.google/outreach-initiatives/sustainability/our-third-decade-climate-action-realizing-carbon-free-future/

[152] Business Wire, "NCX Creates the Largest U.S. Forest Carbon Project." [Online]. Available: https://www.businesswire.com/news/home/20210526005366/en/NCX-Creates-the-Largest-U.S.-Forest-Carbon-Project

[153] E. M. Foundation, "Universal circular economy policy goals." 2022. [Online]. Available: https://ellenmacarthurfoundation.org/universal-policy-goals

[154] E. Kristoffersen, F. Blomsma, P. Mikalef, and J. Li, "The smart circular economy: A digital-enabled circular strategies framework for manufacturing companies," *Journal of Business Research*, vol. 120, pp. 241–261, 2020.

[155] M. Ghoreishi and A. Happonen, "Key enablers for deploying artificial intelligence for circular economy embracing sustainable product design: Three case studies," *AIP Conference Proceedings*, vol. 2233, no. 1, p. 050008, 2020.

[156] G. C. Nobre and E. Tavares, "The quest for a circular economy final definition: A scientific perspective," *Journal of Cleaner Production*, vol. 314, p. 127973, 2021.

[157] S. Bag, G. Yadav, L. C. Wood, P. Dhamija, and S. Joshi, "Industry 4.0 and the circular economy: Resource melioration in logistics," *Resources Policy*, vol. 68, p. 101776, 2020.

[158] P. Maheshwari and A. Shankar, "Comparative assessment of heuristic and meta-heuristic algorithms for sustainable waste collection in smart cities," *Sustainable Cities and Society*, vol. 75, p. 103296, 2021.

[159] C. Wang, J. Weng, Q. Wang, and X. Cui, "An intelligent sorting system for waste recycling based on deep learning and Internet of Things," *Waste Management*, vol. 138, pp. 79–87, 2022.

[160] J. S. Mboli, D. K. Thakker, and J. L. Mishra, "An AI-enabled framework for the circular Economy and closed-loop supply chains," *Sustainable Production and Consumption*, vol. 28, pp. 766–777, 2021.

[161] KEYPROD, "AI at the service of industry: Optimizing production through Artificial Intelligence.," AI at the service of industry: Optimizing production through Artificial Intelligence. Accessed: Aug. 08, 2024. [Online]. Available: https://www.keyprod.com/en/knowledge/ia-au-service-de-lindustrie

[162] Ellen Macarthur Foundation, "Reducing food waste, increasing profits: Winnow." Accessed: Oct. 08, 2024. [Online]. Available: https://www.ellenmacarthurfoundation.org/circular-examples/winnow

[163] B. Esmaeilian, J. Sarkis, K. Lewis, and S. Behdad, "Blockchain for the future of sustainable supply chain management in Industry 4.0," *Resources, Conservation and Recycling*, vol. 163, p. 105064, 2020.

[164] M. Ghoreishi and A. Happonen, "New promises AI brings into circular economy accelerated product design: A review on supporting literature," in *E3S Web of Conferences*, EDP Sciences, 2020, p. 06002.

[165] T. Newbold *et al.*, "Global effects of land use on local terrestrial biodiversity," *Nature*, vol. 520, no. 7545, pp. 45–50, 2015.

[166] N. M. Haddad *et al.*, "Habitat fragmentation and its lasting impact on Earth's ecosystems," *Science Advances*, vol. 1, no. 2, p. 1500052, 2015.

[167] G. T. Pecl *et al.*, "Biodiversity redistribution under climate change: Impacts on ecosystems and human well-being," *Science*, vol. 355, no. 6332, p. 9214, 2017.

[168] M. C. Urban, "Accelerating extinction risk from climate change," *Science*, vol. 348, no. 6234, pp. 571–573, 2015.

[169] C. Nellemann, Ed., "The rise of environmental crime: a growing threat to natural resources, peace, development and security." 2016.

[170] S. K. Wasser *et al.*, "Genetic assignment of large seizures of elephant ivory reveals Africa's major poaching hotspots," *Science*, vol. 349, no. 6243, pp. 84–87, 2015.

[171] R. Kwok, "AI empowers conservation biology," *Nature*, vol. 567, no. 7746, pp. 133–134, 2019.

[172] L. F. Gonzalez, G. A. Montes, E. Puig, S. Johnson, K. Mengersen, and K. J. Gaston, "Unmanned aerial vehicles (UAVs) and artificial intelligence revolutionizing wildlife monitoring and conservation," *Sensors*, vol. 16, no. 1, p. 97, 2016.

[173] P. H. Wrege, E. D. Rowland, S. Keen, and Y. Shiu, "Acoustic monitoring for conservation in tropical forests: examples from forest elephants," *Methods in Ecology and Evolution*, vol. 8, no. 10, pp. 1292–1301, 2017.

[174] "Terrestrial passive acoustic monitoring: review and perspectives," *BioScience*, vol. 69, no. 1, pp. 15–25, 2019.

[175] M. S. Norouzzadeh *et al.*, "Automatically identifying, counting, and describing wild animals in camera-trap images with deep learning," *Proceedings of the National Academy of Sciences*, vol. 115, no. 25, pp. 5716–5725, 2018.

[176] Tabak, M. A., Norouzzadeh, M. S., Wolfson, D. W., Sweeney, S. J., Vercauteren, K. C., Snow, N. P., ... & Miller, R. S.,

"Machine learning to classify animal species in camera trap images: Applications in ecology.," *Methods in Ecology and Evolution*, vol. 10, no. (4), pp. 585-590., 2019.

[177] S. L. Trust, "Using AI to protect snow leopards." 2021. [Online]. Available: https://www.snowleopard.org/using-ai-to-protect-snow-leopards/

[178] M. Finer *et al.*, "Combating deforestation: From satellite to intervention," *Science*, vol. 360, no. 6395, pp. 1303–1305, 2018.

[179] A. Thessen, "Adoption of machine learning techniques in ecology and earth science," *One Ecosystem*, vol. 1, p. 8621, 2016.

[180] L. N. Joppa, "The case for technology investments in the environment," *Nature*, vol. 552, no. 7685, pp. 325–328, 2017.

[181] C. Sandbrook *et al.*, "Principles for the socially responsible use of conservation monitoring technology and data," *Conservation Science and Practice*, vol. 3, no. 5, p. 374, 2021.

[182] O. Berger-Tal and J. J. Lahoz-Monfort, "Conservation technology: The next generation," *Conservation Letters*, vol. 11, no. 6, p. 12458, 2018.

[183] U.N.E.S.C.O., "L'intelligence artificielle dans l'éducation." 2023. [Online]. Available: https://fr.unesco.org/themes/tic-education/intelligence-artificielle

[184] S. Doroudi, "The Intertwined Histories of Artificial Intelligence and Education," *International Journal of Artificial Intelligence in Education*, pp. 1–24, 2022.

[185] W. Holmes, M. Bialik, and C. Fadel, *Intelligence artificielle dans l'éducation : Opportunités et implications*. Center for Curriculum Redesign, 2023.

[186] U.N.E.S.C.O., "AI and education: guidance for policy-makers." 2021. [Online]. Available: https://unesdoc.unesco.org/ark:/48223/pf0000376709

[187] I. I. T. E. UNESCO, "AI in education: Change at the speed of learning." 2020. [Online]. Available: https://iite.unesco.org/publications/ai-in-education-change-at-the-speed-of-learning/

[188] K. Seo, J. Tang, I. Roll, S. Fels, and D. Yoon, "The impact of artificial intelligence on learner–instructor interaction in online learning," *International Journal of Educational Technology in Higher Education*, vol. 18, no. 1, 2021, doi: 10.1186/s41239-021-00292-9.

[189] J. Gardner, M. O'Leary, and L. Yuan, "Artificial intelligence in educational assessment: 'Breakthrough? Or buncombe and ballyhoo?,'" *Journal of Computer Assisted Learning*, vol. 37, no. 5, pp. 1207–1216, 2021, doi: 10.1111/jcal.12577.

[190] U.N.E.S.C.O., "AI in education: Where are we now?" 2021. [Online]. Available: https://en.unesco.org/news/ai-education-where-are-we-now

[191] R. Luckin, W. Holmes, M. Griffiths, and L. B. Forcier, *Intelligence unleashed: An argument for AI in education*. Pearson Education, 2016.

[192] F. Filgueiras, "Artificial intelligence and education governance," *Education, Citizenship and Social Justice*, vol. 0, no. 0, 2023, doi: 10.1177/17461979231160674.

[193] M. Zanetti, G. Iseppi, and F. P. Cassese, "A 'psychopathic' Artificial Intelligence: the possible risks of a deviating AI in Education," *Research on Education and Media*, vol. 11, no. 1, pp. 93–99, 2019.

[194] T. Foltýnek, S. Bjelobaba, and I. Glendinning, "ENAI Recommendations on the ethical use of Artificial Intelligence in Education," *International Journal for Educational Integrity*, vol. 19, p. 12, 2023.

[195] H. Luan *et al.*, "Challenges and future directions of big data and artificial intelligence in education," *Frontiers in Psychology*, vol. 11, p. 580820, 2020, doi: 10.3389/fpsyg.2020.580820.

[196] J. Su and W. Yang, "Unlocking the Power of ChatGPT: A Framework for Applying Generative AI in Education," *ECNU Review of Education*, vol. 6, no. 3, pp. 355–366, 2023, doi: 10.1177/20965311231168423.

[197] U.N.E.S.C.O., "Generative AI has disrupted education. Here's how it can be used for good." 2023. [Online]. Available: https://www.weforum.org/agenda/2023/09/generative-ai-education-unesco/

[198] N. Voarino, "Systèmes d'intelligence artificielle et santé : les enjeux d'une innovation responsable." 2020. [Online]. Available: https://papyrus.bib.umontreal.ca/xmlui/handle/1866/23526

[199] N. Otmani, Q. Noura, M. Omari, H. Bourkhime, N. Tachfouti, and S. Fakir, "Artificial Intelligence And Machine Learning In Healthcare: Application And Challenges," in *Artificial Intelligence And Machine Learning In Healthcare: Application And Challenges*, 2022.

[200] A. E. Hassanien and R. Bhatnagar, *Artificial Intelligence for Sustainable Development: Theory, Practice and Future Applications*. Springer International Publishing, 2021. doi: 10.1007/978-3-030-51920-9.

[201] Spectrum, "How IBM Watson Overpromised and Underdelivered on AI Health Care," *IEEE Spectrum*, XXXX, [Online]. Available: https://spectrum.ieee.org/how-ibm-watson-overpromised-and-underdelivered-on-ai-health-care

[202] V. Grey and N. Donnelly, "Health information exchange: an overview and New York state's model," *Health Informatics*, pp. 243–255, 2022.

[203] T. Krishnappa, "A REVIEW ON ARTIFICIAL INTELLIGENCE TECHNIQUES IN PREVENTING CYBER THREATS," *IJEAST*, vol. 8, no. 1, pp. 185–189, 2023.

[204] T. Y. Wong and N. M. Bressler, "Artificial Intelligence With Deep Learning Technology Looks Into Diabetic Retinopathy Screening," *JAMA*, vol. 316, no. 22, pp. 2366–2367, 2016.

[205] M. A. K. İbrahim, "Legal Challenges of Artificial Intelligence in Healthcare," in *Algorithmic Discrimination and Ethical Perspective of Artificial Intelligence*, M. Kılıç and S. B. Kahyaoğlu, Eds., Springer Nature, 2024, pp. 147–160. doi: 10.1007/978-981-99-6327-0_10.

[206] S. K. Patel, B. George, and V. Rai, “Artificial Intelligence to Decode Cancer Mechanism: Beyond Patient Stratification for Precision Oncology,” *Frontiers in Pharmacology*, vol. 11, 2020.

[207] C. R. MacIntyre *et al.*, “Artificial intelligence in public health: the potential of epidemic early warning systems,” *Journal of International Medical Research*, vol. 51, no. 3, 2023.

[208] M. J. Butt, A. K. Malik, N. Qamar, S. Yar, A. J. Malik, and U. Rauf, “A Survey on COVID-19 Data Analysis Using AI, IoT, and Social Media,” *Sensors*, vol. 23, no. 12, 2023.

[209] T. Beauchamp, J. Childress, and J. M. Mouillie, *Les Principes de l’éthique biomédicale*, 1st ed. Les Belles Lettres, 2008.

[210] J. Agassi and J. Wiezenbaum, “Computer Power and Human Reason: From Judgment to Calculation,” *Technology and Culture*, vol. 17, p. 813, 1976.

[211] “Legal Information Institute,” *Code §*, pp. 1320-, XXXX.

[212] Règlement, “du Parlement européen et du Conseil du 27 avril 2016 relatif à la protection des personnes physiques à l’égard du traitement des données à caractère personnel et à la libre circulation de ces données, et abrogeant la directive 95/46/CE,” *Official Journal of the European Union*, vol. L119, pp. 1–88, 679 2016.

[213] E. Kant, *Fondements de la métaphysique des moeurs*. J.-M. Tremblay, 2002. [Online]. Available: http://classiques.uqac.ca/classiques/kant_emmanuel/fondements_meta_moeurs/fondements.html

[214] S. Alexievitch, “La Supplication : Tchernobyl, chroniques du monde après l'apocalypse,” *J. C. Lattès*, 2004, [Online]. Available: https://www.babelio.com/livres

[215] E. Watkins and W. Fitzpatrick, “O'Neill and Korsgaard on the Construction of Normativity,” *Journal of Value Inquiry*, vol. 36, pp. 349–367, 2002.

[216] C. Villani *et al.*, “Donner un sens à l'intelligence artificielle: pour une stratégie nationale et européenne.” in Conseil national du numérique. 2018.